Mit Fragen führen

Die besten Techniken für Führungskräfte und Coaches

Sigrid Frank-Eßlinger

2. Auflage

HAUFE.

Inhalt

Vorwort

Über das Interview, das ja im Wesentlichen aus Fragen und Antworten besteht, sagte der Publizist Hans-Joachim Netzer einmal, es sei die schwierigste journalistische Form überhaupt: »Es verlangt genaue thematische Vorbereitung, aber dann größte Zurückhaltung des eigenen Wissens. Es verlangt Kontaktbegabung, Selbstsicherheit und Takt. Es verlangt aber auch Energie und Zielbewusstsein in der Gesprächsführung sowie Anpassung an den jeweiligen Gesprächspartner, an die Atmosphäre und an die Situation.« Genau diese Sensibilität ist auch nötig, wenn wir Fragen im beruflichen Alltag einsetzen. Die richtigen Fragen zur richtigen Zeit zu stellen, ist jedoch keine Begabung, die einigen wenigen in die Wiege gelegt ist. Es braucht auch keine journalistische Qualifikation dazu. Wie so oft, kommt es auch hier auf die richtigen Techniken an. Und genau diese vermittelt der TaschenGuide, den Sie gerade vor sich haben.

Sie erfahren hier unter anderem, in welcher Situation sich welcher Fragetyp anbietet, welche Fragen Sie unbedingt vermeiden sollten und warum Zuhören zum Fragen dazugehört.

Haben Sie noch Fragen? Das ist gut. Dann fangen Sie am besten gleich mit dem Lesen an.

Viel Freude dabei wünscht Ihnen

Sigrid Frank-Eßlinger

Klug gefragt ist halb gewonnen

Fragen – gut formuliert und im richtigen Moment gestellt – sind Kernelemente gelingender Kommunikation. Sie bringen uns auf ganz neue Ideen, steuern Diskussionen in eine konstruktive Richtung und signalisieren Interesse am Gegenüber.

In diesem Kapitel erfahren Sie u. a.,

- welche nützlichen, aber auch gefährliche Wirkungen Fragen haben können,
- warum derjenige, der fragt, führt, und
- warum die beste Frage nichts bringt, wenn man nicht zuhören kann.

Die Macht des Fragens

»Klug fragen können ist die halbe Weisheit«, wusste schon im 17. Jahrhundert der englische Philosoph und Staatsmann Sir Francis Bacon. Wer in der Lage ist, gute Fragen zu stellen, dem erschließen sich Menschen und Welten. Denn Fragen sind zum einen wichtige Instrumente zur Beziehungspflege, weil sie Interesse signalisieren und ein Schlüssel für das Verstehen anderer sind. Außerdem sind sie methodische Werkzeuge, um Informationen zu sammeln, Strategien zu entwickeln und Abläufe zu reflektieren.

Überblick: Was Fragen alles können

Informationen gewinnen, dazu gehören Fakten, Einschätzungen, Meinungen, Ideen, Begründungen, Erklärungen, Präzisierungen, Hintergründe

Probleme und Handlungsmotive erkennen

Missverständnisse ausräumen

Gespräche aktiv gestalten

Interesse zeigen

Kreatives Denken anregen

Beziehungen aufbauen oder sichern

Strategien entwickeln und Konzepte reflektieren

Einigung herbeiführen

Die positiven Seiten

Im Berufsalltag erleben wir ständig wechselnde Situationen und Anforderungen. Die grundlegende Funktion von Fragen ist hier der Ausgleich von Informationsdefiziten: Was weiß die Führungskraft oder der Kollege, was für mich auch wichtig ist? Kann sie beziehungsweise er bei einem spezifischen Problem helfen? Über Fragen verschaffen wir uns auf direkte Weise von jemand anderem Informationen, die wir ohne diese Möglichkeit lange suchen müssten oder vielleicht gar nicht bekommen würden. Häufig sind das Fakten zu Personen, Aufgaben und Sachverhalten, Einschätzungen, Begründungen und Definitionen.

Fragen als Mittel der Gesprächsführung

Fragen nutzen wir aber auch, um komplexere Kommunikationssituationen zu gestalten. Denn in unterschiedlichen Teams und Arbeitsphasen geht es für uns häufig darum,

- kreative Prozesse zu fördern,
- Meetings zu leiten,
- Kontakte zu knüpfen,
- Einstellungen zu erkunden,
- Teams zu begleiten,
- Verständnis zu schaffen,
- Probleme zu lösen,
- Kollegen zu motivieren,
- Prozesse zu überprüfen,
- auszuwählen und zu entscheiden.

Fragen wenden wir in all diesen Situationen an als Mittel der Gesprächsführung. Sie stehen häufig am Beginn eines Dialogs, denn sie sind gute Mittel, um Kontakt zu den Gesprächspartnern aufzunehmen und enger zu knüpfen. Sie öffnen Türen und helfen, das Gesprächsthema abzustecken. Sie können Wünsche und Ziele offenlegen und eine positive Atmosphäre schaffen. Besprechungen lassen sich mit guter Fragetechnik unaufdringlich strukturieren und leiten.

Fragen als Mittel der Gesprächsführung können

- Gespräche eröffnen,
- Beziehungen gestalten,
- alle Teilnehmer in eine Diskussion einbeziehen,
- beim Thema halten oder zu diesem zurückführen,
- Information, Wissen, Erfahrung, Meinung erfragen,
- Probleme auf den Punkt bringen,
- Chancen aufzeigen, anregen und inspirieren,
- der erste Schritt zur Lösung sein,
- Entscheidungen herbeiführen.

Neben diesen unterstützenden Möglichkeiten, Fragen einzusetzen, kann man sie natürlich auch nutzen, um eine Gesprächsrunde oder ein Team ein bisschen aufzurütteln und zu provozieren. Es geht hier nicht etwa um aggressive Angriffe oder Boshaftigkeiten. Die richtige Frage zur richtigen Zeit vermag es jedoch, aus der gemeinsamen, gerade wunderbar stabilen Komfortzone aufzuscheuchen: »Wissen wir eigentlich, ob der Wettbewerber ein neues Produkt geplant hat?«, oder: »Was machen wir, wenn unser Produkt bald nicht mehr benötigt wird?«. Solche bewusst gestellten, zunächst unangenehmen Fragen, die das bestehende System irritieren und verstören, ermöglichen es, Neues zu denken und Arbeitsweisen neu auszurichten.

Wie Fragen die Kreativität ankurbeln

»Kreativ« ist eines dieser Zauberworte, das alle Augen zum Leuchten bringt, denn es birgt die Hoffnung auf Innovation und Veränderung. Ideen sind ein wichtiger Rohstoff und Kreativität ist folglich ein hohes Gut. Erfolgreiche Organisationen leben – und überleben – durch Innovationen, die heute agil, also flexibel und schnell, umgesetzt werden sollen. Um kreative Prozesse in Gang zu bringen, ihnen zusätzlichen Schwung und neue Richtungen zu geben, können offene Fragen hilfreich sein: »Welche kostengünstigen Lösung sind denkbar?« Ebenso kreativitätsfördernd ist die sogenannte Wunderfrage: »Was würden wir tun, wenn wie durch ein Wunder alle unsere Kostenprobleme gelöst wären?«, oder: »Angenommen, eine gute Fee gibt uns ein Jahr länger Zeit, was machen wir daraus?«, oder: »Was würden wir realisieren, wenn wir nur noch einen Tag Zeit hätten?«. Kreativität heißt, Grenzen zu überwinden, Gräben zu überspringen und den Hund mal von der Leine zu lassen – zumindest in unserer Fantasie. Deshalb sind hier – im geschützten Raum der kreativen Ideenfindung – auch provokante Fragen erlaubt.

Steht so eine Frage im Raum, gilt als wichtigste Regel, dass alle Ideen und Vorschläge ihre Berechtigung haben und zunächst nicht kritisiert werden dürfen. Dann werden die anwesenden neugierigen und kreativen Gehirne sie weiterspinnen, entwickeln, abwandeln und eine Fülle von Ideen generieren, die man später – mit ganz anderen Fragen – auf ihre Machbarkeit überprüfen kann. Für dieses kreative Spiel braucht man in erster Linie eine positive Fragekultur, in der Fragen als hilfreiche Anstöße und nicht als Zeichen von Ahnungslosigkeit gesehen werden. Denn um freies und experimentelles Denken zu ermöglichen, muss vieles erlaubt sein: Wildes, Verrücktes, Ungewöhnliches, nie Dagewesenes. Das bedeutet für den Chef oder den Auftraggeber, Kontrolle abzugeben und Spielräume zu ermöglichen.

> Wer kreative Weiterentwicklung wünscht, muss seinen Mitarbeitern vertrauen, ihnen die richtigen, offenen Fragen stellen und den Mut haben, sich mit wilden Ideen auseinanderzusetzen.

Prozesse und Routinen überprüfen

In modernen Organisationen geht es darum, Konzepte schneller umzusetzen, Prozesse und Routinen kontinuierlich zu überprüfen, anzupassen und Schritt für Schritt zu verbessern. Zahlreiche Abläufe und Verhaltensmuster, die heute selbstverständlich sind, sind morgen bereits überholt. Die Überprüfung und Reorganisation von Prozessen und Strukturen brauchen größere Partizipation und mehr Entscheidungsfreiheit für die Mitarbeiter. Denn der permanente Verbesserungsprozess erfordert ein ständiges Abgleichen von Kenntnissen und Erfahrungen mit Zielen und Visionen sowie den Einsatz von kreativen Denkweisen.

Die Überprüfung von Prozessen und Routinen lässt sich in vier Stufen einteilen, die sich jeweils mit Fragen einleiten lassen.

1. Die Vision: Was wollen wir erreichen? Was wäre die Ideallösung?
2. Die Erkundung: Welche Parameter können wir infrage stellen oder modifizieren? Was ändert sich dadurch?
3. Das Experiment: Wie kombinieren wir die bestehenden Module neu? Welche neuen Elemente nutzen wir?
4. Die Modifikation: Wie verbessern sich die bisherigen Abläufe dadurch? Welchen Nutzen erreichen wir damit?

Alternativ lässt sich auch folgende eher pragmatische Frageliste zur Optimierung von Prozessen verwenden. Sie hilft, den Ablauf zu strukturieren und Entscheidungen herbeizuführen:

- Um welchen Bereich geht es?
- Wer sind die Verantwortlichen?
- Welches sind die Kernprozesse?
- Wie laufen diese Kernprozesse ab?
- Wie werden sie gemessen?
- Wie dokumentieren wir sie?
- Welche Ziele legen wir fest?
- Lassen sich die Prozesse optimieren?

- Was muss dafür geändert werden?
- Wer führt die Änderung zu welchem Zeitpunkt durch?
- Wie wird das Ergebnis kontrolliert?

Die dunkle Seite der Fragen

»Und was wollen Sie hier?«
»Na ja, ich wäre, glaub ich, eine gute Assistentin ... Und, äh ... Ich habe mich überall hier in New York als Journalistin beworben und jetzt bleibt nur das hier oder Auto Universe.«
»Sie lesen die Runway also nicht?«
»Äh, nein ...«
»Und Sie haben bis heute noch nie von mir gehört?«
»Nein ...«
»Und Sie haben weder Stil noch Sinn für Mode ...«
»Na ja, das hängt, glaub ich, davon ab, was ...«
»Nein, nein, das war keine Frage.«

Der Dialog stammt aus dem Hollywood-Film »Der Teufel trägt Prada«. Der Einstieg von Andy Sachs als Assistentin der mächtigen Chefredakteurin der Frauenzeitschrift Runway läuft nicht besonders. Miranda Priestly ist kühl, arrogant und in Eile. Und genauso klingen ihre Fragen: keine höfliche Einleitung, sondern schnell zur Sache, dafür mit negativen Unterstellungen. Wenn man genauer hinschaut, bemerkt man: Ist die erste Frage noch eine sogenannte offene Frage, bei der die Angesprochene frei antworten kann, lassen ihr die beiden folgenden Fragen nur noch die Möglichkeit, Ja oder Nein zu erwidern. Das sind sogenannte geschlossene Fragen, mit denen die Chefredakteurin eigentlich nur noch ihren bereits gewonnenen Eindruck bestätigen will. Und schließlich die letzte – in der Form scheinbar gleich wie ihre Vorgängerin, und doch keine Frage mehr, sondern ein Urteil. Das Beispiel zeigt: Mit Fragen können wir andere auch provozieren, vorführen, demütigen, abwatschen und zurückweisen, manipulieren oder lächerlich machen. Sehr gut funktioniert das vor allem dann, wenn wir Macht über andere haben und sie ausnutzen – Macht zum Beispiel über Mitarbeiter, Dienstleister, Helfer oder Bittsteller.

Das A und O: Wertschätzung des anderen

Wer auf langfristig gute Beziehungen setzt, sollte eine wertschätzende Gesprächsführung pflegen. Das erfordert, dem Gesprächspartner auf Augenhöhe zu begegnen. Dabei ist es natürlich in Ordnung, sich ein Ziel vorzunehmen und zu versuchen, es mithilfe von Kenntnissen über Gesprächsführung und Frageformen zu erreichen. Zu diesen eher technischen Aspekten braucht man aber unbedingt auch die angesprochene Augenhöhe sowie eine positive innere Haltung und eine aufrichtige Beziehung zum Gegenüber.

Gegenseitige Wertschätzung schließt daher auch die rhetorischen Tricks aus der Mottenkiste aus. Manipulative, erpresserische und herabwürdigend wirkende Fragen, also die sogenannte schwarze Rhetorik, die Macht demonstriert und bestimmte Verhaltensweisen erzwingen will, ist eine höchst aggressive Methode und hat mit moderner Gesprächsführung und Fragetechnik absolut nichts zu tun. Sie ist aus meiner Sicht auch ein sehr altmodisches Instrument, das – wenn überhaupt – nur zu einem autoritären Führungsstil mit all seinen Einschränkungen und Nachteilen passen würde.

Und es gibt weitere Arten des Fragens, die zu Recht in Verruf geraten sind.

BEISPIEL

»Sie wollen doch auch Heizkosten sparen? Wie viel bezahlen Sie denn derzeit im Monat? Kennen Sie schon unser besonderes Angebot? Ich schicke Ihnen mal unseren Vertrag zu.«

Werber an der Tür oder am Telefon nutzen Suggestivfragen als Einstieg, sammeln dann geschickt Informationen und drängen die Verbraucher schließlich zu einer Entscheidung, oft zu einem Vertragsabschluss. Ebenso funktionieren Schein-Umfragen. Sie dienen – auch am Telefon – als Türöffner, denn wer auf Fragen antwortet, kommt mit dem Fragenden ins Gespräch und baut zu ihm eine Beziehung auf. Menschen auf diese Weise zu manipulieren und unter Druck zu setzen, schafft keine langfristig positiven Beziehungen. Das erkennen wir schon daran, dass wir uns unwohl fühlen und Verträge gerne widerrufen, wenn man uns am Telefon zum Abschluss überredet hat.

Später in diesem Buch werden Ihnen solche Methoden nochmals begegnen: einerseits, um Ihnen bewusst zu machen, was sie anrichten können, und Ihre eigenen Vorgehensweisen und Methoden davon abzugrenzen. Andererseits, um ein paar kleine Tricks in der Hinterhand zu haben, die Ihnen im Notfall helfen, mit aggressiven oder manipulativen Fragen umzugehen. Allerdings wird es in diesem TaschenGuide größtenteils um die positiven Seiten von Fragen gehen. Sie werden sehen, wie Fragen helfen können, das Potenzial von Mitarbeitern und Arbeitsgruppen zu nutzen, Beobachtungen und Meinungen zu erfahren und Ideen zu entwickeln. Das ist vor allem für Führungskräfte und Projektleiter wichtig. Denn im Gegensatz zu früher, wo es ums Anweisen und Delegieren ging, ist es heute deren Aufgabe, nachzufragen und genau hinzuhören. Sie verbessern damit ihre Informationslage, erkennen relevante Fakten und Probleme rechtzeitig und entdecken Potenziale.

> Fragen kosten Zeit – allerdings zahlt sich die investierte Zeit doppelt aus. Wenn man die richtigen Schlüsse aus Antworten zieht, entstehen Reibungsverluste, Enttäuschungen und Missverständnisse gar nicht erst. Falsche Entscheidungen, Konflikte und Demotivation lassen sich so verhindern.

Fragen als Demonstration der eigenen Macht

»Du darfst Miranda niemals eine Frage stellen!« So lautet der eindringliche Rat, den Andy Sachs bekommt, als sie im Film »Der Teufel trägt Prada« schließlich doch noch Assistentin von Miranda Priestly geworden ist. Ein Rat, der uns zunächst stutzen lässt. Ist es nicht so, dass sich viele Leute eher scheuen, Fragen zu stellen, um nicht als unwissend dazustehen? Aber hier ist es sogar verboten, eine Frage zu stellen? Klar, können wir schlussfolgern, die Chefin will einfach nicht belästigt werden. Es kommt aber noch ein weiterer Aspekt hinzu: Fragen zu stellen hat auch etwas mit Macht zu tun; Fragen beantworten bedeutet, die Machtposition des anderen anzuerkennen.

Das ist jetzt zunächst relativ abstrakte Macht und wird natürlich nicht immer als solche wahrgenommen. Aber stellen Sie sich einmal folgende Situation vor.

BEISPIEL

Die sechzehnjährige Praktikantin fragt den Abteilungsleiter mit piepsiger Stimme, wohin sie die leeren Kartons räumen soll. Dass sie es überhaupt wagt, ihn anzusprechen, ist schon mutig. Wenn er antwortet und ihr Auskunft gibt, ist dies ein Anerkenntnis, dass die Frage berechtigt ist und er bereit ist, darauf einzugehen. Das ist noch nicht Macht im klassischen Sinne, aber immerhin hätte er auch ungestraft vorbeigehen und sie ignorieren können.

Mithilfe von Fragen lassen sich bestehende Machtpositionen indirekt ausdrücken. »Frau Müller, würden Sie so nett sein und mal für die ganze Runde Kaffee kochen?«, ist keine höfliche Frage, sondern eine Aufforderung. Und wenn Frau Müller die Untergebene ist oder sich auch nur so fühlt, hat sie letztlich keine andere Möglichkeit als »Ja, gerne« zu antworten.

Als Steigerung dazu können Fragen von Vorgesetzten aber auch offen und unkaschiert als Machtinstrument eingesetzt werden. Inquisitorisch, kurz, knapp und drängend fragen und darauf eine prompte Antwort erwarten, kann man nur als – autoritärer – Chef. Der so Befragte muss antworten, wenn er Konsequenzen vermeiden will. Es bleibt ihm hier nur die Herrschaft über die Qualität seiner Antwort. Wird er auf die inquisitorische und autoritäre Frage alles berichten, was er weiß? Höchstens aus Angst, denn ein Vertrauensverhältnis entsteht so nicht. Hier ist eine Chance vertan, vielleicht sogar missbraucht worden, Mitarbeiter einzubeziehen und auf Augenhöhe konstruktive und damit lösungsorientierte Antworten zu bekommen.

> Benutzen Sie Fragen möglichst nur, um Informationen zu erhalten und Gespräche zu steuern. Verkappte Appelle, versteckte Feststellungen oder Unterstellungen, Behauptungen und Aufforderungen, auf die man keine Antwort will, sollten nicht in Frageform kommuniziert werden.

Ohne Fragen keine Kommunikation

Kommunikation ist ein Prozess, in dem wir versuchen, uns mit anderen zu verständigen. Sie erfordert also mindestens zwei Seiten. Solange ich nur meine Botschaft in einen dunklen Wald hineinrufe, ist das keine Kommunikation. Hört sie jemand und ruft zurück, kommt zu mir oder wirft mir eine Walnuss an den Kopf, habe ich jemanden erreicht und eine Reaktion erhalten. Das ist Kommunikation, auch wenn mir die Walnuss vielleicht eine Beule am Kopf beschert. Die Äußerung des einen bekommt kommunikative Bedeutung also erst durch die Reaktion des anderen. Daraus folgt schließlich aber auch, dass wir unsere Kommunikation, und damit auch unsere Fragen, nicht bis ins Letzte planen können. Denn wir können nie mit Gewissheit sagen, wie eine Strategie wirkt und welche Reaktion unsere Fragen beim anderen hervorrufen. Das entwickelt sich erst während des Dialogs.

Viel mehr als reine Technik: Fragekompetenz

Unsere Frage führt uns also erst dann zum gewünschten Ziel, wenn der Gesprächspartner uns eine Antwort gegeben hat, die uns möglichst zufrieden gemacht hat. Dazu muss er

- die Frage als Frage verstehen,
- den Inhalt der Frage verstehen (oder zurückfragen),
- antworten können (er muss sich also auskennen) und
- antworten wollen.

Erst in diesem Kontext ist klar, ob unsere Frage sowohl inhaltlich als auch auf der Beziehungsebene richtig war, so dass für den Befragten eine angenehme Gesprächssituation entsteht, in der er gerne und ausführlich antwortet. Deshalb bedeutet Fragekompetenz nicht, dem Gegenüber mithilfe von Tricks und Spielchen Antworten zu entlocken, die er eigentlich nicht geben will. Es geht nicht darum, ihn hinters Licht zu führen, ihn zu bedrängen oder ihn in eine unangenehme Situation zu bringen.

> Zur Fragekompetenz gehört einerseits Technik, also etwa die Kenntnis über verschiedene Frageformen und ihre Einsatzmöglichkeiten. Zugleich braucht sie eine Haltung, die den anderen als Individuum mit Gefühlen, eigenen Vorstellungen und Interessen wahrnimmt, nicht als manipulierbaren Spielball einer Fragestrategie.

Fragen als Türöffner

Stellen Sie sich vor, Sie treffen auf einen Gesprächspartner, der, gleich nachdem er den Raum betreten hat und Ihnen gegenübersitzt, einen ausführlichen Monolog beginnt oder ohne weitere Einleitung um Vorschläge für die neue Frühjahrskollektion bittet. Diese direkte Art zum Punkt zu kommen, empfinden Sie womöglich als unhöflich und egozentrisch. Viel besser ist es, zum Start in ein Gespräch, einen Dialog, eine Diskussionsrunde, mit einigen kleinen, harmlosen Fragen zu starten.

BEISPIEL

»Sind Sie gut hergekommen? Schön, dass Sie kommen konnten. Läuft das Rechenzentrum wieder reibungslos? Wie lange haben wir heute Zeit? Sind Sie alle mit den neuen Vorschlägen vertraut?«

Das signalisiert Interesse am gegenüber, klärt aber auch organisatorische Aspekte und Hintergründe und hilft, das kommende Gespräch zu strukturieren. »Das ist doch nur Small-Talk-Gequatsche!«, können Sie jetzt sagen. Ja, ganz recht, diese kleinen Fragen funktionieren genauso und haben das gleiche Ziel: ein bisschen Warm-up und die Möglichkeit, am Beginn eines Dialogs die Tür zum Gesprächspartner zu öffnen. Nur durch Fragen entstehen eine solche Verbindung und gegenseitige Aufmerksamkeit, nie durch unverbundene Statements der Teilnehmer. Und schließlich geben uns diese ersten kleinen Dialoge auch einen Eindruck von der Stimmung in der Runde. Sie können uns Hintergründe liefern, woher eine verspürte Anspannung kommt und ob sie etwas mit dem zu besprechenden Thema zu tun hat.

Fragen helfen auch im übertragenen Sinne, die Türen zwischen den Partnern wieder zu öffnen, wenn sie sich in einem Gespräch durch konträre Meinungen, Fehler, Missverständnisse oder kleine Missgeschicke geschlossen haben. Wenn man dann in der Sackgasse steckt, die Beteiligten aneinander vorbeireden oder Meinung gegen Meinung steht, kann die richtige Frage wieder Bewegung in die erstarrte Situation bringen.

Themen aufreißen und wieder schließen

Jedes Gespräch, ob es nun der Informationsgewinnung oder der kreativen Ideenfindung dient, folgt einem gewissen Verlauf. In den meisten Fällen zielt er darauf, ein Gespräch erst thematisch zu öffnen, um es dann wieder zu verengen und letztlich sinnvoll abzuschließen.

Im ersten Teil des Gesprächs sollten wir also möglichst viele Informationen und Meinungen zutage fördern. Sie können ruhig wild und bunt nebeneinanderstehen. Erst anschließend geht es ans Überprüfen, Sortieren und Bewerten dieser Ideen. Damit engen wir das Sammelsurium nach und nach immer weiter ein. Dann versuchen wir abzuschätzen, ob wir mit dem vorgesehenen Weg unser Ziel erreichen können. Wir gelangen zu einer Entscheidung. Zuletzt überprüfen wir noch einmal, welche Hindernisse vor uns liegen können, und welche besseren Entscheidungen es stattdessen geben könnte.

Der Gesprächsverlauf

1. Thema aufreißen und Ideen sammeln
2. Ideen überprüfen und sortieren
3. Entscheidungen treffen
4. Hindernisse ausräumen, Verbesserung suchen

Die einzelnen Phasen sollten einerseits nicht zu früh beendet werden, um alle wichtigen Ideen und Überlegungen erfassen zu können. Auf der anderen Seite ist es sinnvoll, jede Phase möglichst im richtigen Moment in die nächste überzuleiten, um sich nicht zu verzetteln und den stringenten Verlauf zu hemmen. Dafür ist es wichtig, den Verlauf des Gesprächs und die Teilnehmer zu beobachten und den Stand der Diskussion regelmäßig für sich zu überprüfen.

Für alle vier Phasen des Gesprächsverlaufs gibt es Frageformen, die besonders gut passen. Das heißt natürlich nicht, dass in stereotyper Weise immer nur eine Frageform eingesetzt wird. Idealtypisch bewegen sich die eingesetzten Fragen von eher offenen Fragen zur Informationsgewinnung und Ideenfindung hin zu Alternativfragen und schließenden Fragen, wenn es an die Entscheidung geht. Abschließend helfen zirkuläre und hypothetische Fragen, die getroffenen Entscheidung zu hinterfragen und zu überprüfen (siehe hierzu näher das Kapitel »Fragen über Fragen: Typen und Techniken«).

Konstruktiv führen mit Fragen

»Wer nicht fragen kann, darf keine Antworten verlangen«, sagt die österreichische Philosophin und Künstlerin Lisz Hirn. Wer nicht fragen kann, hat also ihrer Meinung nach kein Recht, Antworten einzufordern. Ob das immer und überall so gilt, sei dahingestellt, es wird aber auf jeden Fall schwer werden, Antworten zu bekommen, wenn man nicht oder nicht gut fragt. Damit ist klar, dass dem Fragenden die Verantwortung zufällt dafür, dass gute Antworten kommen, aber auch für die positive Stimmung im Gespräch, denn – das wissen wir nun ja schon – nur sie wird dazu führen, dass die Befragten gute und nützliche Antworten geben. Für eine positive Stimmung und eine gute Fragekultur sind äußere und innere Faktoren wichtig.

Gute Fragekultur – gute Besprechungskultur

Der Ton macht die Musik – das gilt auch in geschäftlichen Treffen. Nun herrscht in jeder Organisation eine ihr eigene Grundstimmung, die zum Beispiel autoritär und hierarchisch geprägt oder eher offen und demokratisch ist. Dieses Organisationsklima bestimmt zahlreiche Faktoren der beruflichen Zusammenarbeit, auch die von Besprechungen und Workshops. Zu den Faktoren gehören die Stimmung unter den Teilnehmern, die Qualität und die Quantität der Ergebnisse, die Dauer sowie die Energie, die es alle Teilnehmer kostet. Diese Grundstimmung lässt sich im Rahmen einer Besprechung leicht in eine andere Richtung drehen, aber nicht kurzfristig komplett ändern.

Wer sitzt wo?

Großen Einfluss auf die innere Haltung der Teilnehmer und damit mittelbar auf die Stimmung im Gespräch haben außerdem der Sitzungsraum, die Sitzsituation und die Tischform, sofern man an einem Platz genommen hat. Die Sitzordnung kann eine symmetrische oder asymmetrische Gesprächssituation spiegeln. Sitzen sich zwei Personen direkt gegenüber, wirkt das konfrontativer und unausweichlicher, als wenn sie an einem Tisch übers Eck sitzen. Zwei Verhandlungsdelegationen, die sich an den beiden Längsseiten eines Tisches gegenübersitzen, bilden zwei Fronten, die sich ständig scharf im Blick haben.

Besetzt der Chef an einem eckigen Tisch die prominente »Präsidiumsposition« am schmalen Ende? Dann wird sich das Gespräch sehr auf ihn konzentrieren. Oder sucht er sich einen Platz inmitten seiner Mitarbeiter und nimmt sich damit ganz bewusst zurück?

Wenn man eine gleichberechtigte und offene Gesprächssituation schaffen will, eignen sich runde Tische besonders. Alle haben den gleichen Abstand zueinander, alle sehen alle und es gibt keine optisch günstigere oder herausgehobene Position. Sie sehen an all dem: Ein Raum kann den Unterschied machen. Für wichtige Gespräche und bei besonders widriger Sitzsituation kann es sich deshalb empfehlen, die Tische umzuräumen oder den Umzug in einen anderen Raum in Betracht zu ziehen.

Wer leitet das Meeting?

Wer leitet die Sitzung? Der Chef, weil er das immer tut? Das kann eine Lösung sein, auch eine gute, muss es aber nicht. Der Mitarbeiter, der sich am besten auskennt und am stärksten ins Thema involviert ist? Kann auch eine gute Lösung sein, muss es aber nicht. Denn unter Umständen ist es für den Experten schwierig, sowohl die Gesprächsleitung zu übernehmen, also unabhängig zu moderieren, alle Personen einzubinden und den Gesprächsverlauf im Blick zu behalten, und zugleich derjenige zu sein, der fachlich gesehen die qualifiziertesten Antworten geben kann. Soll er sich öfter selbst befragen und kann er dabei den Gesprächsverlauf und womöglich zusätzlich auftauchende Fragen im Blick behalten?

Es kann deshalb sinnvoll sein, jemand anders mit der Gesprächsführung zu betrauen. Das kann ein anerkannter Kollege oder eine Kollegin aus der Runde sein, aber auch ein externer Moderator. Generell gilt hier: Er muss ein gutes Stück weit im Thema sein, damit er die Fragen und Antworten einordnen kann. Er sollte aber vom Thema selbst höchstens am Rande betroffen sein, um unabhängig moderieren zu können.

Faktoren, die die Besprechungskultur prägen
Allgemeines Organisationsklima
Raum und Sitzordnung
Sitzungsleiter oder Moderator
Teilnehmer (Hierarchieebenen)
Thema und thematisches Umfeld

Fragen bewusst und achtsam einsetzen

Eine besondere Bedeutung im Meeting haben die Fragen. Hier gilt es, die ganze Kunst des konstruktiven Fragens einzusetzen, denn eine positive Fragekultur kann den großen Unterschied machen zwischen erfolgreichen und weniger erfolgreichen Meetings. Die richtigen Fragen helfen, alle wichtigen Szenarien durchzuspielen, dabei das Für und Wider sinnvoll abzuwägen und die Beteiligten einzubinden.

Neben einer empathischen, kooperativen und aufrichtig interessierten Grundeinstellung, hilft es, Fragen differenziert einzusetzen. Damit ist gemeint, verschiedene Fragetypen zu kennen und sie situationsgerecht zu nutzen – genau so, wie man im Werkzeugkasten oder im Schminktäschchen verschiedene Gerätschaften hat, die man für unterschiedliche Aktivitäten einsetzt. Für die Schraube nutzen wir den Schraubendreher und nicht den Hammer, denn er würde das Gewinde der Schraube beschädigen. Und im Schminktäschchen wählen wir den Lippenstift, um uns die Lippen zu schminken und nicht das Wimpernbürstchen. Auch bei Fragen ist es sinnvoll, verschiedene Instrumente für unterschiedliche Einsatzmöglichkeiten zur Verfügung zu haben, und nicht zu versuchen, alle Situationen mit dem Universal-Fragehammer zu lösen.

Gutes Fragen kann im beruflichen Kontext eine Art lautes Denken sein. Der Fragende ist dabei nicht besserwisserisch oder allwissend, sondern etwa so unwissend wie ein Teil des Teams und unwissender als der Befragte. Seine Fragen dienen dazu,

Informationen, Meinungen und Einschätzungen für die ganze Gruppe verfügbar und diskutierbar zu machen. Für Chefs, die Gespräche leiten und Fragen stellen, bedeutet das, sich auf Augenhöhe ihrer Mitarbeiter zu begeben und mit aufrichtigem Interesse zu fragen. Dann dienen ihre Fragen zur Steuerung des Gesprächsprozesses, dem Aufdecken von Hintergrundinformationen und dem Entwickeln von kreativen Ideen.

Fragen, bei denen der Fragende die Antworten schon kennt oder die nur der Beurteilung des anderen dienen, sollten Prüfungssituationen oder – wenn es unbedingt sein muss – Bewerbungsgesprächen vorbehalten bleiben. In Teambesprechungen haben reine Wissensabfragen keinen Platz und auch nicht die Gesprächsatmosphäre, die sie schaffen würden.

Die Freiheit des Antwortenden

Dialoge sind wie Balkenwaagen. Sie können in Balance sein, dann ist das Frage-Antwort-Spiel ausgewogen und die Partner agieren auf Augenhöhe. Man könnte dann von einem echten oder auch einem symmetrischen Dialog sprechen. In beruflichen Situationen, insbesondere zwischen Chef und Mitarbeiter, sind Frage-Antwort-Situationen selten völlig symmetrisch. Der Vorgesetzte als Fragender oder als derjenige, der die Fragen letztendlich initiiert, hat eine führende Rolle, der Befragte gibt die Antworten. Die Asymmetrie, die hieraus entsteht, lässt sich durch sensibles Fragen und eine positive und wertschätzende Fragesituation deutlich abmildern. Manchmal gelingt es den Partnern auch, Humor einzusetzen, um die Asymmetrie zu überwinden; das ist aber in privaten Situationen deutlich leichter als in beruflichen.

Ein Kriterium, um die Qualität der Fragesituation und den Grad der Asymmetrie einzuordnen, ist das Maß der Freiheit, die sich der Befragte bei der Antwort nehmen kann. Denn je nach Frageform, die wir auswählen, hat er mehr oder weniger Freiheit bei der Antwort. Im Gegenzug bestimmt die Frageform auch den Informationsgehalt der Antwort, die wir bekommen. Vereinfacht könnte man sagen, dass offene Fragen dem Gegenüber viel Freiheit lassen, dem Fragenden aber auch viele Informationen verschaffen können, während – am anderen Ende des Fragespektrums – die geschlossenen Fragen wenig Freiheit bieten, aber auch eher geringe Informationstiefe.

Vor dem Fragen sollten Sie drei Aspekte berücksichtigen

1. Welche Absicht wird verfolgt?
2. In welcher Situation befindet man sich?
3. Welche Frageform ist in dieser Situation geeignet, die verfolgte Absicht zu erreichen?

Wer fragt, muss auch zuhören können

Können Sie sich an Momo erinnern? Das Mädchen aus dem berühmten Kinderbuch von Michael Ende war eine Meisterin im Zuhören. Sie konnte damit Traurige trösten, Unentschlossene ermutigen, Schüchterne bestärken und Irrende auf den richtigen Weg leiten. Momo hielt nicht etwa lange Vorträge, erteilte gute Ratschläge oder erging sich in Sinnsprüchen. Nein, sie schaute die Menschen an und hörte zu. Und dieses aufmerksame Zuhören reichte aus, ihre Besucher, während sie erzählten, selbst auf gute Gedanken zu bringen. Momos ungeteilte Zuwendung und ihr Zutrauen motivierten die Menschen und ließen sie denken beim Sprechen. So kamen sie ganz von allein auf neue Wege und Lösungen. Wir lernen von Momo, wie viel scheinbar passives Zuhören bewirken kann.

Was Zuhören ist – und was nicht

Wenn man Kneipengesprächen lauscht oder selbst mit Kolleginnen und Kollegen in der Kantine sitzt, kann man gelegentlich eine spezielle Art des »Zuhörens« beobachten: Es werden zwar höflich und scheinbar interessiert Fragen gestellt. Die Antworten des anderen interessieren aber nicht wirklich. In gewisser Weise spricht so jeder nur von sich selbst, seinen Erlebnissen, Überlegungen und Plänen. Was das Gegenüber erzählt, ist eher nebensächlich, wirklich nachgefragt wird kaum. Unser Zuhören beschränkt sich dann darauf, mit halbem Ohr der jeweiligen Geschichte zu lauschen, während der ganzen Zeit aber vor allem auf das richtige Stichwort für die eigene Geschichte zu lauern. Fällt es, wird es sofort genutzt, um mit einer eigenen Anekdote oder etwas kürzlich Erlebtem in das Gespräch einzugrätschen. Klar, dass keine Zeit, kaum Interesse und wenig Aufmerksamkeit bleibt, dem Freund oder der Kollegin wirklich zuzuhören, wenn man selbst ständig nur nach einer guten Gelegenheit sucht, die eigene Geschichte anzubringen.

Echtes Zuhören dagegen ist eine empathische Kunst. Es ist die Fähigkeit, dem anderen seine volle Aufmerksamkeit zu schenken, sich ihm zu widmen, sich in ihn hineinzuversetzen und seinen Standpunkt zu verstehen. Für ein solches Zuhören braucht man in erster Linie Zeit, Geduld und Konzentration. Ein gewisses Feingefühl und echtes Interesse am Gegenüber sind ebenfalls von Nutzen. Und daran sieht man schon, dass Zuhören nicht in erster Linie eine einstudierbare Technik ist, sondern eine Frage der inneren Einstellung. Denn – das ist keine Frage – richtiges Zuhören kann auch manchmal ganz schön anstrengend sein.

Wie man zuhört

Zuhören ist nicht gleich Zuhören. Während eines Vortrags in einem großen Saal wären persönliche Aufmerksamkeitsreaktionen oder gar empathische Nachfragen für den Redner eher störend als hilfreich. Wenn jemand zu uns spricht, also etwas vorträgt oder präsentiert, üben wir uns besser im passivem Zuhören, quittieren Scherze des Vortragenden mal mit einem gemeinsamen Lachen und bedanken uns später mit Applaus.

Sobald jemand mit statt zu uns spricht, ändert sich die Situation komplett. Miteinander sprechen bedeutet, dass alle Beteiligten die Chance und das Recht haben, direkt ins Gespräch einzugreifen. Außerdem stehen den Zuhörern dann mehr unmittelbare Reaktionsmöglichkeiten zur Verfügung, dem Sprecher ihre Aufmerksamkeit zu signalisieren und ihn damit zu ermutigen und zu motivieren. Wer eine Frage gestellt hat, sollte selbstverständlich zuhören, wenn der andere darauf antwortet. Dazu gehört aber auch, es zu zeigen, dass man zuhört. Die Bandbreite unserer Zuhör-Signale beginnt bei reinen Körpersignalen wie dem Blickkontakt, einem interessierten Gesichtsausdruck und – schon ein bisschen aktiver – gelegentlichem zustimmenden Nicken.

BEISPIEL

Wer genauer hinsieht, kann die regelmäßigen »Kontrollblicke« von den Mitarbeitern zum Chef beobachten: Ein zustimmendes Nicken des Vorgesetzten während eines Gesprächsbeitrags ermutigt sie, ihre Position oder Idee nachdrücklicher zu vertreten.

In einem Zweiergespräch oder eher überschaubaren Runden bieten sich zudem verbale Bestätigungslaute als Zeichen der Aufmerksamkeit an. »Aha«, »hm«, »interessant« signalisieren dem Sprecher, dass wir ihm zuhören, und ermuntern ihn weiterzusprechen. Denn auch während er spricht, sind seine Antennen ausgefahren und er registriert unsere Reaktionen genau.

Die Zuhörsignale	
Blickkontakt	Interessierter Gesichtsausdruck
Zustimmendes Nicken	Verbale Bestätigungslaute

Auch für uns als Zuhörer sind die körpersprachlichen Begleitsignale des Sprechers natürlich von hoher Wichtigkeit. Sie helfen uns, die wahre Bedeutung des Gesagten zu ermessen und einzuordnen. Das ist wichtig, wenn es um Faktenwissen und Standpunkte geht, denn es erhöht unseren gesicherten Informationsstand und das Vertrauen in den Gesprächspartner.

Es gibt gute Gründe, insbesondere beim Start in Gespräche zunächst eher nondirektiv – als ohne direkte Eingriffe – zuzuhören. Später kann es nützlich sein, aktiv einzugreifen und bei Gesprächspartnern nachzufragen, Beiträge in eigenen Worten zusammenzufassen, emotional oder sachlich zurückzuspiegeln.

Aktives Zuhören als Methode

Unter dem Begriff »Aktives Zuhören« versteht man Methoden, die helfen sollen, zu seinem Gegenüber eine vertrauensvolle Beziehung aufzubauen, Gespräche konstruktiv und sachlich zu gestalten, Missverständnisse zu vermeiden und mit den Gesprächsteilnehmern und ihren Beiträgen würdigend umzugehen. Der amerikanische Psychotherapeut Carl Rogers, der das Modell entwickelt hat, hat dafür die folgenden wesentlichen Elemente identifiziert:

- eine empathische und offene Grundhaltung,
- authentisches und kongruentes Auftreten und
- die Akzeptanz des Gegenübers.

Ziel aller Maßnahmen ist es, die Beziehung zwischen den Personen und damit die gemeinsame Problemlösungskompetenz zu verbessern.

Aktives Zuhören bedeutet, sich in den Gesprächspartner, seine Ideen und Argumente hineinzuversetzen, sie nachzuvollziehen und ihm das auch zu signalisieren. Der beziehungsweise die Zuhörer signalisieren dabei durch Blicke, Körperhaltung, Mimik, Gestik, Stimme und ihre Nachfragen, dass sie sich Zeit nehmen, interessiert sind, dass sie verstehen, aber kein frühes Urteil fällen möchten. Erst wenn das geschehen ist, kann man die richtigen Fragen stellen und so alle Botschaften wirklich erfassen. Aktives Zuhören bedeutet auch, nicht sofort Lösungen anzubieten, sondern erst in Ruhe und durch konzentrierte Beschäftigung das Problem zu analysieren. Die vier Stufen des Hörens und Verstehens nach Rogers können dabei helfen.

Die vier Stufen des Hörens und Verstehens	
1.	Wahrnehmen und erkennen
2.	Zuordnen
3.	Abwägen und beurteilen
4.	Antworten

Was wir brauchen, um gut zuzuhören

Zuhören ist oft gar nicht so einfach – vor allem dann nicht, wenn einem selbst gerade eine tolle Idee durch den Kopf schießt oder wenn man die Lösung für das geschilderte Problem scheinbar gefunden hat ... In solchen Augenblicken brauchen Sie höchste Beherrschung und Zurückhaltung. Genau das ist es ja eben, was das Zuhören à la Momo von unseren Kneipengesprächen unterscheidet. Verabschieden Sie sich deshalb von der Idee, dass

Sie jetzt gleich eine Lösung präsentieren müssen. Vermutlich ist es gerade die beste Lösung, still zu bleiben und wirklich nur zuzuhören. Und genau hier kommt wieder Ihre innere Haltung zum Gespräch ins Spiel. Ihr erstes Ziel sollte sein, den Sprecher möglichst wenig zu unterbrechen – auf die Ausnahme von dieser Regel kommen wir unten noch zu sprechen. Stellen Sie Ihre eigene Meinung und Ihre Werturteile also für eine Weile zurück. Setzen Sie dafür außer Ihrem Verstand ruhig auch Ihre Gefühle und Ihre Intuition ein, um Ihr Gegenüber zu verstehen. Verstehen bedeutet noch nicht, dass Sie alles auch akzeptieren oder für sich selbst richtig finden. Es heißt unter Umständen auch, Unterschiede zu tolerieren. Im Verlauf des Gesprächs bedeutet gutes Zuhören schließlich auch, weiterführende Fragen zu stellen und in Form einer Paraphrase darzustellen, was man aus dem Gehörten bisher verstanden hat (siehe hierzu näher das Kapitel »Paraphrasieren und objektivieren«).

Wenn der andere einfach nicht aufhören will zu reden

Wenn man das Thema Zuhören salopp auf den Punkt bringt, könnte man also sagen: eine Frage stellen, dann selbst die Klappe halten und die Ohren aufmachen. Der griechische Philosoph Zenon von Elea sagte treffend dazu: »Die Natur hat uns nur einen Mund, aber zwei Ohren gegeben, was darauf hindeutet, dass wir weniger sprechen und mehr zuhören sollten.« Was aber, wenn wir bei allem guten Willen den Eindruck haben, dass es jetzt genug ist mit Zuhören? Dass alles, wirklich alles gesagt ist? Dass sich die anderen Teilnehmer des Meetings langweilen, abwenden, das Thema aus den Augen verlieren? Dann kann man natürlich »Stopp!« schreien unterbrechen und »Danke erstmal« sagen. Man kalkuliert damit allerdings auch das Risiko ein, die achtsame und zugewandte Stimmung zu zerstören.

Mein Rat: Versuchen Sie es erst einmal mit nonverbalen Signalen. Drehen Sie zunächst alles um, was Sie zuvor nonverbal als gutes Zuhören signalisiert haben: Geben Sie Ihre entspannte und zugewandte Körperhaltung auf und setzen Sie sich stattdessen aufrecht und mit Körperspannung hin. Entziehen Sie dem Redner dann alle Aufmerksamkeitsreaktionen und schließlich Ihren Blickkontakt. Geben Sie ihm aber noch die Möglichkeit, seine Argumentation mit den nächsten Sätzen sinnvoll abzuschließen.

Auf einen Blick: Klug gefragt ist halb gewonnen

- Gäbe es keine Fragen, gäbe es keine Kommunikation. Ohne Fragen könnten wir andere nicht verstehen und von deren Wissen profitieren.
- So wertvoll Fragen sind, so gefährlich können sie uns und anderen werden, wenn sie nicht in wertschätzender, sondern in negativer Absicht eingesetzt werden.
- Wer fragt, der führt. Mit Fragen kann man Gespräche und Meetings aktiv steuern und strukturieren.
- Kommunikation ist keine Einbahnstraße. Wer fragt, sollte daher der Antwort des Befragten aufmerksam zuhören.

Fragen über Fragen: Typen und Techniken

Es gibt viele verschiedene Fragetypen und -techniken. Je vertrauter Sie mit ihnen sind, desto konstruktiver und zielführender können Sie sie im Gespräch verwenden.

In diesem Kapitel erfahren Sie u. a.,

- welche Fragenarten es gibt,
- welchen Nutzen und welche Risiken sie bergen,
- wann Sie sie am besten einsetzen.

Die klassischen Fragetypen

Mit klassischen Fragen stillen wir unsere Neugier und unser Informationsbedürfnis, wägen ab, treffen Entscheidungen und planen Strukturen und Prozesse. Die ersten vier Frageformen – in dieser Reihenfolge eingesetzt – sind auch gut geeignet, Gespräche von der Informationsgewinnung bis hin zur Entscheidung zu strukturieren.

Öffnende Fragen

Öffnende beziehungsweise offene Fragen sind eine Einladung zum großen Dialog. Sie geben den Befragten die Möglichkeit, ausführlich zu antworten und ihr Wissen, ihre Erfahrungen und Meinungen darzustellen. Dem Fragenden liefern die Antworten darauf viele und breit gefächerte Informationen. Öffnende Fragen sind häufig sogenannte W-Fragen: Sie beginnen mit »was«, »wie« oder »weshalb«. Eine Variante sind die relativ offenen Fragen. Sie werden häufig mit »wer«, »wann« oder »wo« eingeleitet und sind etwas stärker gerichtet als öffnende oder offene Fragen, lassen aber weiterhin viel Spielraum bei der Antwort.

BEISPIELE: ÖFFNENDE UND RELATIV OFFENE FRAGEN

Öffnende oder offene Fragen:

Welche Erfahrungen haben Sie bisher gemacht?

Wie sollten wir Ihrer Meinung nach vorgehen?

Was hat Ihnen heute besonders gut gefallen?

Wie lief es seit unserer letzten Besprechung?

Relativ offene Fragen:

Wo sollte der Kaffeeautomat am besten stehen?

Welche Sehenswürdigkeiten wollen wir besuchen?

Wen sollten wir zusätzlich ins Projektteam aufnehmen?

- **Wofür man öffnende Fragen nutzt:** Als Einstieg in Gespräche, um möglichst viele Informationen zu sammeln, um alle Teilnehmer ins Boot zu holen und auf den gleichen Wissensstand zu bringen.
- **Die Chancen:** Man erhält ausführliche, tiefgehende Antworten mit hohem Informationsgehalt, kann einem Thema auf den Grund gehen, wichtige Details erfahren. Der Fragende signalisiert damit großes Interesse und kann eine Vertrauensbasis schaffen. Er und weitere Anwesende erhalten Einblick in das Wissen und die Erfahrungen des Befragten, aber auch in dessen Motive, Bedürfnisse, Meinungen und Ängste.
- **Die Risiken:** Die ausführlichen Antworten können abschweifen und man kann sich verzetteln. Mit einer öffnenden Frage an der falschen Stelle reißt man eine praktisch beendete Diskussion wieder auf, die man besser zum Ab-

schluss gebracht hätte. Deshalb ist es wichtig, den Gesprächsverlauf mit hoher Konzentration zu verfolgen. Achtung: Vermeiden Sie Warum-Fragen. Sie gehören nicht ins Repertoire der öffnenden Fragen, weil sie starken Rechtfertigungsdruck auslösen können.

Fokussierende Fragen

Fokus bedeutet Brennpunkt. Fokussierende Fragen nehmen dementsprechend ein Ziel und die weitere Vorgehensweise in den Blick und sind deshalb besonders hilfreich, wenn die Recherche- und Informationsphase abgeschlossen ist. Sie unterstützen dabei, ein Zwischenergebnis zu formulieren und ermöglichen den nächsten Schritt zum Ziel: Sie liefern Einschätzungen und Meinungen zu den erhaltenen Informationen.

BEISPIELE: FOKUSSIERENDE FRAGEN

Was schließen Sie aus diesen Beobachtungen?

Welche Konsequenzen ergeben sich daraus?

Können Sie dazu eine ganz konkrete Situation schildern?

Um welchen Aspekt müssen wir uns als Erstes kümmern?

- **Wofür man fokussierende Fragen nutzt:** Als Steuerungsinstrument, wenn man das Gespräch nach der Informationssammlung straffer führen, das Tempo anziehen und nach der großen thematischen Öffnung die Ziele wieder stärker ins Auge fassen will.

- **Die Chancen:** Die Planung kommt voran, Informationen werden sortiert, priorisiert, bewertet, zugeordnet.
- **Die Risiken:** Wer zu früh mit fokussierenden Fragen startet, bricht die Informationsphase ab, bevor alle wichtigen Fakten und Einschätzungen offenliegen.

Alternativfragen

Alternativfragen sind der nächste Schritt auf dem Weg, um ein Thema mehr und mehr einzugrenzen. Der Befragte soll sich hier zwischen zwei oder mehr Varianten entscheiden. Die Alternativfrage bietet damit verschiedene vorformulierte Möglichkeiten zu antworten, verengt den Spielraum aber deutlich.

BEISPIELE: ALTERNATIVFRAGEN

Fanden Sie die Präsentation kurzweilig oder langatmig?

Was ist Ihnen lieber: der Lösungsweg A oder die Lösungsvariante B?

Wollen wir uns heute Abend oder morgen früh wieder treffen?

- **Wofür man Alternativfragen nutzt:** Um Schlussfolgerungen zu ziehen, Standpunkte zusammenzufassen, zu bewerten und Entscheidungen vorzubereiten.
- **Die Chancen:** Klarheit finden, Haltung und Standpunkt zum Thema herausarbeiten, Entscheidungsfähigkeit schaffen.
- **Die Risiken:** Die Antwort kann als die Wahl zwischen zwei Übeln empfunden werden. Die eingeschränkte Entschei-

dungsmöglichkeit macht kreativere Lösungen unmöglich. Achten Sie darauf, nicht mehr als drei bis vier Möglichkeiten anzubieten, um den anderen nicht zu überfordern.

Schließende Fragen

Schließende beziehungsweise geschlossene Fragen sind so konstruiert, dass man nur ganz kurz antworten kann, häufig nur mit Ja oder Nein. Sie lassen unserem Gegenüber nur sehr wenig Spielraum bei der Gestaltung seiner Antwort. Eine Variante sind die relativ geschlossenen Fragen. Sie zielen auch auf eine klare Entscheidung ab, lassen dem Befragten aber etwas mehr Spielraum für seine Antwort.

BEISPIELE: SCHLIESSENDE UND RELATIV GESCHLOSSENE FRAGEN

Schließende oder geschlossene Fragen:

Nehmen Sie an der Frankreich-Exkursion teil?

Wollen wir in diesem Jahr auf der Messe ausstellen?

Können wir die Diskussion dann abschließen?

Relativ geschlossene Fragen:

Wann wollen wir uns das nächste Mal treffen?

Wo würden Sie den neuen Markt bauen?

Welche Farbe hat die neue Rosensorte?

- **Wofür man schließende Fragen nutzt:** Mit ihnen lassen sich Zustimmung oder Ablehnung fixieren, wenn alles besprochen ist. Auch lässt sich damit zum Schluss eine klare Entscheidung nochmals bekräftigen. Sie beenden Diskussionen.
- **Die Chancen:** Beschleunigen Gespräche oder führen sie zu einem Ende. Verkürzen Antworten, präzisieren Entscheidungen und führen zu Commitment von allen.
- **Die Risiken:** Können Verhörcharakter annehmen und dabei dominant und aggressiv wirken. Halten Gespräche kurz und können so den Austausch abwürgen. Verhindern den Informationsfluss.

> Um Informationen zu sammeln, sollten Sie eher offene Fragen verwenden. Auf keinen Fall sollten Sie mehrere kurze geschlossene Fragen hintereinander abfeuern.

Fragen mit bestimmten Funktionen

Insbesondere im Prozess der Informationsgewinnung und des -austauschs sollten Sie Fragen möglichst so formulieren, dass sie eine ganz bestimmte Funktion erfüllen.

Informations- und Wissensfragen

Mit den sogenannten Informations- und Wissensfragen zielen wir direkt und ohne Umschweife auf einen Wissenstransfer ab. Wir wollen für uns und die anderen Zuhörer möglichst viele Informationen gewinnen. Zusätzlich zeigen wir damit Interesse und Aufgeschlossenheit gegenüber den Kenntnissen und Plänen des anderen und können anhand der Antworten indirekt einschätzen, wie wichtig ihm das Thema ist.

Auch bei Meinungsverschiedenheiten helfen solche Fragen weiter. Sie lassen sich nämlich nutzen, um zwischendurch den Druck herauszunehmen, für alle neue Informationen zu erschließen und der Diskussion neue Aspekte anzufügen.

Zu den Informations- und Wissensfragen gehören als Sonderfall auch die Ausnahmefragen. Hier wird nach den Ausnahmen zur Regel gefragt. Das Wissen um Spezialeffekte kann die Einschätzung von Situationen und Phänomenen verbessern und Handlungsspielräume vergrößern.

BEISPIELE: INFORMATIONS- UND AUSNAHMEFRAGEN

Informations- und Wissensfragen:

Seit wann besteht die Organisation?

Wie hoch war der Umsatz im Dezember?

Wie hat sich die Zahl der Abonnenten seither verändert?

Was wissen Sie über das Mondprogramm der NASA?

Sonderfall Ausnahmefragen:

Welche Personen haben noch nie teilgenommen?

Wann tritt das Problem nicht auf?

Macht Ihnen diese Aufgabe immer zu schaffen oder gibt es Situationen, in denen Sie damit zufrieden sind?

Begründungs- und Verständnisfragen

Wie ihr Name schon sagt, zielen Begründungs- und Verständnisfragen darauf ab, einen Sachverhalt oder eine Situation näher zu durchdringen. Aus den Antworten darauf lässt sich das weitere Vorgehen entwickeln oder ein Gespräch über Chancen, Zweifel und Einwände. Im günstigen Fall helfen solche Fragen zu erkennen, wie wichtig dem Partner eine Idee ist. Statt sie mit einer kurzen Bemerkung abzulehnen, bekommt man so die Gelegenheit, in einem ausführlicheren Dialog die eigenen Zweifel und Bedenken zu platzieren.

Bei offenen Meinungsverschiedenheiten können solche Fragen die Situation entlasten und dazu beitragen, das Gespräch wieder in Gang zu bringen.

BEISPIELE: BEGRÜNDUNGS- UND VERSTÄNDNISFRAGEN

Was kann ich mir unter einer »kritischen Situation« vorstellen?

Woher resultiert aus Ihrer Sicht dieses Desinteresse?

Was hat diesen Einsturz ausgelöst?

> Vermeiden Sie es, die Fragen mit »Warum« einzuleiten. Das baut schnell ungewollten Rechtfertigungsdruck auf.

Meinungs- und Einschätzungsfragen

Meinungsfragen zielen nicht auf das Faktenwissen des Befragten ab. Sie signalisieren, dass wir seine persönliche Einschätzung zur Situation oder zu Personen und Vorkommnissen hören möchten. Es ist hilfreich, durch geeignete Formulierungen für alle Zuhörer zu verdeutlichen, dass gerade nicht objektive Fakten und Beobachtungen oder Recherchen gefragt sind, sondern persönliche Meinungen und Einschätzungen.

BEISPIELE: MEINUNGS- UND EINSCHÄTZUNGSFRAGEN

Wie ist Ihre Meinung dazu?

Was für einen Eindruck haben Sie von dem Bewerber?

Werden wir das Ihrer Ansicht nach schaffen?

Was halten Sie von erneuerbaren Energien?

Kann aus Ihrer Sicht ein solcher Defekt wieder auftreten?

Konkretisierungsfragen

Wenn Diskussionen, Überlegungen und Vorschläge zu stark im Allgemeinen bleiben, bieten sie häufig sehr wenige unmittelbar erkennbare Ansatzpunkte zur Problemlösung. Mithilfe von sachlich-konkreten Rückfragen kann man detailliertere Informationen und präzise Einschätzungen erbitten. Häufig hilft dieses Nachhaken, unspezifische Aussagen, Verallgemeinerungen, implizite Annahmen, allgemeine Aussagen und Vergleiche sowie Blockaden zu reduzieren. Die fachlichen Aspekte können ein Klima der Akzeptanz, Sachlichkeit und Lösungsorientierung schaffen.

BEISPIELE: KONKRETISIERUNGSFRAGEN

Aus welchen Gründen läuft das Projekt noch nicht?

Sprechen wir hier im Moment über finanzielle oder technische Hinderungsgründe?

Hat das der Techniker gesagt?

Welche Vorschläge hat unser Vertrieb dazu gemacht?

Welche Vorschrift genau verbietet das?

Nachfragen und Kontrollfragen

In die gleiche Gruppe wie die Konkretisierungsfragen gehören auch Nachfragen und Kontrollfragen. Mit einfachen Nachfragen lassen sich Begriffe definieren, deren Bedeutung bisher unklar oder ungenau geblieben ist, Informationen vertiefen, Details erkunden und Meinungen präzisieren. Sie sind außerdem geeignet, um Generalisierungen und Pauschalisierungen wie »immer«, »nie«, »jeder« oder »alle« aufzulösen, implizite Annahmen zu überprüfen und Blockaden anzusprechen.

Mithilfe von Kontrollfragen lässt sich sicherstellen, dass man alles richtig verstanden hat, und überprüfen, ob alle in der Gruppe der gleichen Meinung sind und den gleichen Informationsstand haben.

BEISPIELE: NACH- UND KONTROLLFRAGEN

Verstehe ich das richtig: Sie wollen uns verlassen?

Stimmt es, dass es eine Explosion gab?

Wollen Sie uns sagen, wir haben keine Chance mehr?

Können Sie mir Details der Abmachung nennen?

Wie kommen Sie darauf, dass ich Sie nicht mag?

Was hindert dich daran, sie einfach mal anzurufen?

Insistierende und Wiederholungsfragen

Verschärfte Varianten der Konkretisierungsfragen sind die insistierenden Fragen und die Wiederholungsfragen. Mit ihnen zündet man die nächste Stufe des Nachdrucks, denn eine Frage, die offenkundig zum zweiten Mal gestellt wird, macht nachdrücklich deutlich, dass der Fragende einer Antwort darauf große Bedeutung zumisst – für den Informationsstand oder den weiteren Verlauf der Diskussion. Er signalisiert damit, dass er noch nicht lockerlassen will.

Die erneut gestellte Frage macht für alle Anwesenden deutlich, dass der Antwortende ausgewichen ist, es dem Fragenden aufgefallen ist und er dieses Verhalten nicht durchgehen lassen will. Die insistierenden und Wiederholungsfragen sind also eine – wenn auch womöglich freundlich-verständnisvoll vorgetragene – Verschärfung der Gesprächssituation.

BEISPIELE: INSISTIERENDE FRAGEN

Ich muss jetzt aber doch noch einmal fragen, warum Sie damals so schnell aus dem Ausland zurückgekommen sind.

Ich habe das noch nicht ganz verstanden. Können Sie uns das ganz genau erklären? Das wäre sehr wichtig.

Ich frage erneut: Was ist beim Export der Maschinenteile damals schiefgegangen?

Sie sind mir eben ausgewichen. Warum ist Ihrer Meinung nach das Flugzeug vom Kurs abgekommen?

Prozessfragen

Zu den Prozessfragen gehören die Eröffnungs- und die Abschlussfrage sowie Strukturierungsfragen. Mit ihrer Hilfe lassen sich der Ablauf des Gesprächs, das weitere Vorgehen sowie der Arbeitsprozess planen und reflektieren. Sie dienen außerdem dazu, Bezüge zwischen den Themen herzustellen und von einem zum nächsten Thema überzuleiten.

BEISPIELE: PROZESSFRAGEN

Sind Sie alle informiert und mit Unterlagen ausgestattet?

Welches Thema sollten wir zuerst besprechen?

Was wollen wir in den kommenden zwei Stunden erreichen?

Wie sollen wir jetzt weiter vorgehen?

Welche Folgerungen ziehen Sie aus unserem Gespräch?

Wenn wir also jetzt sicher sind, dass die Anschaffung nötig ist, nach welchen Kriterien wollen wir die neue Maschine auswählen?

Systemische Fragen

Systemische Fragen entstammen dem Konzept der Systemischen Beratung. Sie wird häufig auch als ressourcenorientierte oder lösungsorientierte Beratung bezeichnet und wird sowohl in Therapien als auch in der Organisationsberatung, in Coachings und Supervisionen eingesetzt. Das wesentliche Merkmal von Systemischer Beratung ist, dass sie Individuen oder Gruppen in Bezug setzt zu ihrem jeweiligen sozialen System oder Kontext. Die systemische Beratung ist überwiegend prozessorientiert und legt großen Wert darauf, Kompetenzen und Ressourcen freizulegen und zu stärken.

Systemische Fragen sind nicht primär darauf ausgerichtet, Informationen zu erfragen oder Prozesse zu steuern. Ihre große Stärke ist es, Denkprozesse beim Gegenüber anzuregen und neue Möglichkeiten durchzuspielen. Dadurch sind sie insbesondere in Mitarbeitergesprächen und Coachings hilfreich. Dosiert eingesetzt, kann man mit ihnen aber auch stockende oder zähe Meetings und Diskussionen in Schwung bringen, die Teilnehmer verblüffen und neue, kreative Denkansätze initiieren. Am besten funktioniert das in Teams, die bereits über eine ausgeprägte Diskussionskultur verfügen, bereit sind, sich aus altbekannten Mustern zu lösen und sich gerne zu Gedankenexperimenten verführen lassen.

Arbeiten mit systemischen Fragen

Klassische öffnende Fragen sind darauf ausgerichtet, den Befragten im Rahmen der gestellten Frage sehr frei über die Inhalte und den Umfang seiner Antwort entscheiden zu lassen. Systemische Fragen installieren einen Denkrahmen, der noch deutlich über diese Freiheiten hinausgeht. Sie ermöglichen es, in positiver und wertschätzender Weise neue Erkenntnisse und Herangehensweisen beim Gegenüber anzuregen.

Es gibt aber auch einen Wermutstropfen: Wer systemische Fragen einsetzt, braucht Geduld. Die Befragten können bei ihrer Antwort nicht auf bestehendes Wissen oder eine vorgefasste Meinung zugreifen. Jede dieser Fragen setzt einen neuen Rahmen und braucht daher einen eigenen Denkprozess. Genau darin liegt die Chance, wirklich neue Ansätze zu generieren. Und deshalb muss man als Fragender eine Nachdenkphase einplanen, abwarten und darf die (kurze) Stille nicht unterbrechen.

Tipps für den Einsatz systemischer Fragen

In fachlichen Diskussionen kann es sinnvoll sein, systemische Fragen anzumoderieren, um keine Missverständnisse aufkommen zu lassen: »Ich stelle jetzt mal eine ungewöhnliche Frage …«, oder: »Das kommt Ihnen im ersten Moment vielleicht komisch vor – denken Sie in Ruhe nach …«.

Wer systemische Fragen stellt, übernimmt de facto die Gesprächsführung. Wenn Sie nicht sowieso der Moderator sind, sprechen Sie das ab oder holen sich die Erlaubnis dazu.

Achten Sie – insbesondere in darin ungeübten Teams – darauf, dass niemand die Frage falsch versteht oder sich durch die Formulierung angegriffen fühlt. Beobachten Sie die Runde aufmerksam beziehungsweise warnen Sie gleich in der Einleitung: »Lassen Sie uns ein Experiment wagen …«, oder: »Ich möchte gerne mal gemeinsam rumspinnen …«.

Wie bei allen Kreativtechniken muss auch hier die Ideenfindung von der Bewertung der Ideen getrennt werden. Das heißt: Alles ist zunächst erlaubt – bewertet, kritisiert und aussortiert wird erst später.

Hypothetische Fragen

Hypothetische Fragen sind eine Einladung zum Gedankenexperiment. Sie bieten eine fiktive Situation an, ein Als-ob-Szenario. Wenn sich der Befragte oder das Team auf das Lösungsszenario einlässt, es beschreibt und annimmt, ändert er beziehungsweise es zeitweilig seine Herangehensweise und kann ganz neue Möglichkeiten in Betracht ziehen. Die so gewonnenen Ergebnisse lassen sich nicht immer eins zu eins umsetzen, aber oft können aus den Antworten durchaus Schritte in Richtung Ziel abgeleitet werden.

BEISPIELE: HYPOTHETISCHE FRAGEN

Kämen Sie schneller voran, wenn die IT-Abteilung Ihnen zuarbeiten würde?

Nehmen wir an, Sie haben eine Lösung gefunden und das Problem bis heute Abend beseitigt. Was hätten Sie wohl getan, um diese Lösung zu finden?

Was könnten wir mit unbegrenztem Budget in einem Jahr erreichen?

- **Wofür man hypothetische Fragen nutzt:** Um einen Stillstand zu überwinden oder eine festgefahrene Perspektive zu lockern, formuliert man eine neue Arbeitshypothese. So funktioniert es am besten: Die störenden oder limitierenden Faktoren der realen Situation herausnehmen und fragen, was dann besser wäre oder leichter ginge.
- **Die Chancen:** Mehr gedankliche Freiheit in der spielerischen Situation. Hypothetische Fragen bringen selten direkte Lösungen, aber auf jeden Fall neue Ansätze sowie Einblick in die Denkweise des oder der Befragten und eine neue Einschätzung der Situation und zusätzliche Möglichkeiten, mit dem Thema umzugehen.
- **Die Risiken:** Die Frage kann nicht passen und in eine Sackgasse oder in eine falsche Richtung führen. Es kann sein, dass sich die Gesprächspartner nicht auf das Gedankenexperiment einlassen können oder wollen; sie können damit überfordert und dadurch demotiviert sein.

Zirkuläre Fragen

Zirkuläre Fragen sind ähnlich wie hypothetische Fragen konstruiert. Sie sind also Gedankenexperimente. Sie bringen jedoch zusätzlich eine weitere Person ins Spiel. Das kann ein Betroffener sein, ein Experte, aber auch eine gänzlich unbeteiligte Person. Der Befragte soll die von ihm vermutete Meinung dieser Person zur Fragestellung formulieren oder eine mögliche Verhaltensweise.

BEISPIELE: ZIRKULÄRE FRAGEN

Wenn ich den Kunden fragen würde, welchen Nutzen er aus der Beratung gezogen hat, was würde er antworten?

Wenn Frau Schmidt an Ihrer Stelle wäre, wie würde sie entscheiden?

Was würden Ihre Kollegen wohl zu diesem Arbeitsergebnis sagen?

Wie müsste ich meine Frage verändern, damit Sie sie gut beantworten könnten?

- **Wofür man zirkuläre Fragen nutzt:** In normalen Diskussionen nur als gelegentliche Besonderheit zur Überprüfung oder Variation. Häufiger in Coachings und Mitarbeitergesprächen, um Selbstreflexion anzuregen.
- **Die Chancen:** Der Befragte versetzt sich in eine andere Person. Deren Denkweisen, Bedürfnisse und Haltungen eröffnen neue Aspekte zur Entscheidung und ermöglichen andere Sichtweisen. Besonderer Nutzen: Die Methode lädt ein zum Perspektivenwechsel, ohne zu starken Rechtfertigungsdruck aufzubauen.
- **Die Risiken:** Wer zirkuläre Fragen auf die Spitze treibt, erfragt vermutete Reaktionen und Meinungen von Personen, die

selbst im Raum anwesend sind. Das kann in Coaching-Runden neue Erkenntnisse bringen und Feedback ermöglichen. In Meetings und bei der Ideenfindung kann es jedoch zu Verstimmungen und ungewollten Diskussionen führen.

> Setzen Sie zirkuläre Fragen schonend ein. Moderieren Sie sie an, formulieren Sie sie mit weichen Konjunktiv-Formulierungen und setzen Sie sie nur in geübten Teams ein, die bereits vertrauensvoll zusammenarbeiten.

Skalierende Fragen

Um Diskussionen und neue Ideen zu ermöglichen, kann man versuchen, die Komplexität einer Situation zeitweilig zu reduzieren und Probleme auf ein einfaches Raster herunterzubrechen. Skalierende Fragen geben ein Bewertungsraster – etwa eine Skala von 1 bis 10 – vor und setzen das Problem so ins Verhältnis mit anderen ähnlich gelagerten.

BEISPIELE: SKALIERENDE FRAGEN

Wenn Sie eine Note zwischen 1 und 6 geben müssten, wo würden Sie Ihre Präsentation selbst sehen?

Wie zufrieden sind Sie auf einer Skala von 1 bis 10 mit dem Klima in der Arbeitsgruppe?

Wo stehen die beiden Kandidaten jeweils auf einer Skala zwischen »sehr kooperativ« und »kaum kooperativ«?

Wie schwierig ist die Situation im Vergleich mit der von 2017?

- **Wofür man skalierende Fragen nutzt:** Sie machen Meinungen und Erwartungen eindeutig fassbar oder geben eine grundsätzliche Einschätzung, ohne Details zu erfragen. Sie dienen eher als plakativer Einstieg oder Abschluss, aber nicht zur Informationsgewinnung.
- **Die Chancen:** Veränderungen oder Erfolgswahrscheinlichkeiten werden fassbar, ebenso der genaue Standpunkt einer Person. Unterschiede in der Einschätzung von zwei Aspekten werden deutlich.
- **Die Risiken:** Skalierende Fragen summieren Meinung. Oft müssen deshalb später differenziertere Einschätzungen folgen. Wenn Veränderungen durchgespielt werden, ist es leichter, in kleinen Schritten zu denken, als sofort Verbesserungen von Stufe 2 auf Stufe 10 zu überlegen.

Lösungsorientierte Fragen

Die lösungsorientierten Fragen wechseln ganz bewusst die Perspektive: Sie kreisen nicht um Defizite, Hindernisse und Probleme der Vergangenheit, sondern orientieren sich vollständig an Überlegungen, wie die Zukunft aussieht. Das kann Rechtfertigungsdruck auflösen und neue Motivation schaffen.

BEISPIELE: LÖSUNGSORIENTIERTE FRAGEN

In welchen Fällen klappt die Ablösung gut?

Welche Bedingungen braucht das Team, um alle Aufgaben pünktlich erledigen zu können?

Was können wir tun, damit die Fracht noch pünktlich ankommt?

- **Wofür man lösungsorientierte Fragen nutzt:** Sie ermöglichen es, Diskussionen positiv zu gestalten und wegzukommen von der Schuldfrage. Die Aufmerksamkeit der Befragten richtet sich auf Ressourcen und mögliche Lösungen.
- **Die Chancen:** Sie setzen neue Energien frei, können ungenutzte Ressourcen und Möglichkeiten identifizieren und Blockaden auflösen.
- **Die Risiken:** Hemmnisse und Probleme, die weiterhin bestehen, dürfen nicht ignoriert oder wegdiskutiert werden, sondern müssen gegebenenfalls im Nachgang ausgeräumt oder aufgearbeitet werden.

Dissoziierende Fragen

Dissoziieren heißt, sich trennen und sich Abstand zu verschaffen vom Problem oder der Fragestellung. Das kann zum Beispiel heißen, mal aus der Vogelperspektive auf die Situation zu schauen oder – wenn nötig – sogar bis in den Weltraum zu fliegen. Abstand kann aber auch bedeuten, die Betrachtungsweise, die Zeit, den Raum oder die Situation zu ändern. Bis hin zum Rollentausch zwischen Fragendem und Befragtem ist hier ziemlich viel möglich.

BEISPIELE: DISSOZIIERENDE FRAGEN

Wie sieht die Geschäftsführung denn das Problem?

Welche Wirkung wird man in zehn Jahren noch spüren?

Wenn Sie der Bürgermeister wären, worauf würden Sie dann besonderen Wert legen?

Wenn Sie an meiner Stelle wären, welche Frage sollte ich Ihnen zuallererst stellen?

- **Wofür man dissoziierende Fragen nutzt:** Die Außenperspektive kann helfen, neue Aspekte und Lösungsansätze zu entdecken oder sich vom Problem zu lösen.
- **Die Chancen:** Fördern neue Denkansätze, manchmal auch unbewusstes Wissen und versteckte Ressourcen zutage.
- **Die Risiken:** Funktionieren nicht, wenn der Rahmen falsch gesteckt oder die Person falsch gewählt ist. Manche Menschen können sich auch schlecht in andere hineinversetzen oder die Perspektive wechseln.

Ungewöhnliche Fragen

In festgefahrenen oder schwierigen Gesprächssituationen helfen manchmal unerwartete Interventionen. Wer in fördernder Absicht eine ungewöhnliche Frage stellt, hält das bisherige Ergebnis noch nicht für ausreichend und macht noch einen Versuch, die Qualität der Antwort zu verbessern. Zugleich demonstriert er aber auch, dass aus seiner Sicht das übliche Repertoire an Fragen ausgereizt ist. Damit sie sich nicht abnutzen und dadurch ihre anregende Wirkung verlieren, sollte man ungewöhnliche Fragen sparsam und gezielt einsetzen. Außerdem muss der Fragende hier in besonderem Maße im Blick behalten, wem und in welcher Situation er die Frage stellt. Seine Aufgabe ist es sicherzustellen, dass seine Frage positive Wirkung entfaltet und nicht etwa als rhetorische, suggestive oder demagogische Frage empfunden wird, die keinen Platz in wertschätzenden und ergebnisorientierten Fragesituationen hat.

Provokante Fragen

Provokante Fragen versuchen ein Szenario zu schaffen, das im Befragten schnell Widerspruch hervorruft. Dieser Widerspruch darf aber nicht in Resignation oder in Verletztheit münden. Im Gegenteil: Er soll neue kreative Kräfte freisetzen. Die Provokation beziehungsweise der Widerspruch dagegen kann zudem Gespräche in Gang bringen und Situationen klären. Um das zu erreichen, verwendet man als Fragender bewusste Über- oder Untertreibungen, passende, aber auch unpassende Analogien oder Tabubrüche. Sprachlich gesehen treten provokante Fragen deshalb auch häufig in der Form von Statements auf.

BEISPIELE: PROVOKANTE FRAGEN

Ich behaupte jetzt einfach mal, das bringt alles nichts. Oder was denken Sie?

Würde es schneller gehen, wenn ich den doppelten Preis biete?

Und wenn ich einfach die Eröffnungsveranstaltung komplett absage?

Die Verwendung von provokanten Fragen ist nicht ohne Risiken: Die Teilnehmer können verärgert sein, was zu einem Entgleisen des Gesprächs führen kann. Deshalb ist es wichtig, die geplante Provokation angemessen auszulegen und an die Situation, das Thema und die Gruppenetikette anzupassen.

> Provokationen, wie sie hier gemeint sind, haben zum Ziel, die Gesprächssituation zu fördern, auch wenn sie dazu starke Mittel nutzen. Sie sind nicht zu verwechseln mit rhetorischen, suggestiven oder demagogischen Fragen, die in negativer Absicht gegenüber dem Befragten oder der Gruppe gestellt werden (siehe hierzu näher das Kapitel »Die falschen und die bösen Fragen«).

Paradoxe Fragen

Paradoxe Fragen zielen darauf ab, darüber nachzudenken, wie das vorhandene Problem verstärkt statt gelöst werden kann. Damit ermöglichen sie es, die problematische Situation einzuordnen und über Umkehrschlüsse zu kreativen Lösungen, wenn nicht sogar zur kreativsten Lösung zu kommen.

Solche Fragen scheinen auf den ersten Blick genau das Gegenteil des ursprünglichen Ziels zu verfolgen. Sie sind insofern auch eine Provokation. Zudem verblüffen sie, weil sie einen scheinbaren Seitenwechsel des Fragenden suggerieren.

BEISPIELE: PARADOXE FRAGEN

Was müssten wir tun, damit das Projekt komplett scheitert?

Was sollten wir machen, wenn wir in diesem Jahr überhaupt keinen einzigen Apfel ernten wollten?

Was würde unsere Kunden in den Wochen vor Weihnachten am meisten frustrieren?

Paradoxe Fragen sind besonders geeignet als Blockadelöser, wenn der Befragte oder das Team sehr im Problem gefangen ist. Die Absurdität des in der Frage steckenden Gedankens lockert die Anspannung, kann festgefahrene Vorstellungen erschüttern und reizt zum Widerspruch. Das kann beim Gegenüber erhellende Reaktionen auslösen und sein Selbstbewusstsein stärken. Natürlich sind nicht alle Ideenansätze, die mithilfe von paradoxen Fragen entwickelt wurden, sofort umsetzbar. Sie lassen sich aber weiterverfolgen und -bearbeiten.

> Die positive Wirkung tritt nur ein, wenn die Befragten die Frage ernsthaft bearbeiten. Außerdem kann die Intention verloren gehen, wenn der Gesprächspartner die Zielsetzung nicht richtig versteht. Deshalb kann es auch hier sinnvoll sein, die paradoxe Frage anzukündigen oder anzumoderieren.

Die Wunderfrage

Die ursprünglich aus dem therapeutischen Bereich stammende Wunderfrage ermöglicht ein spezielles Reframing der Fragestellung. Das bedeutet, sie schafft einen ganz neuen Bezugsrahmen, der völlig von der Wirklichkeit losgelöst ist.

BEISPIELE: WUNDERFRAGEN

Sie kommen morgen früh ins Labor und über Nacht sind wie durch ein Wunder alle aktuellen Probleme gelöst. Wie gehen Sie dann weiter vor?

Eine Zauberfee hat dafür gesorgt, dass das Team ab morgen gut und reibungslos zusammenarbeitet. Woran würden Sie und die Kollegen das merken?

Ein Blitzeinschlag hat während der Nacht Ihr größtes Hemmnis zertrümmert. Welches war es und wie machen Sie jetzt weiter?

Der Nutzen der Wunder- beziehungsweise der Zauberfeefrage ist es, den Tunnelblick und die Fokussierung auf die Hemmfaktoren aufzulösen. Dadurch kann sich der Blick wieder öffnen für neue Wege und Möglichkeiten. Zudem sind, inspiriert durch die bereits völlig absurde Grundannahme, auch wilde und absurde und damit hoch-kreative Vorschläge möglich. Bei einer späteren Diskussion und Überprüfung können sich daraus Ansätze für praktikable Lösungen ergeben.

Wunderfragen sind ein spät einzusetzendes, eher verzweifeltes Mittel, um eine festgefahrene Situation aufzubrechen und starre Denkmuster in Bewegung zu bringen. Ihr Sinn und Zweck ist erreicht, wenn die Befragten ins Reden und Planen kommen – wenn sie also die Lösung in den Blick nehmen, anstatt sich auf die Probleme zu fokussieren. Wunderfragen können nur der Start in weitere Diskussionen sein. Die angedachten Lösungen müssen später in einem bewussten Prozess in die Realität zurückgeholt werden, zusammen mit den entwickelten Ideen, die von den Gesprächspartnern dann an der Realität überprüft werden. Auch hier gilt: Wunderfragen funktionieren nur, wenn die Teilnehmer die Frage ernst nehmen und sich auf die Diskussion einlassen.

Paraphrasieren und objektivieren

Zugegeben: Paraphrasierung und Objektivierung sind gar keine echten Fragetechniken. Dennoch sind beide Methoden in Gesprächssituationen, in Moderationen wie in Coachings so nützlich, dass sie hier ihren Platz finden müssen. Denn sie ermöglichen die Steuerung des Gesprächs, bringen Licht ins Dunkel bei Unklarheiten und beziehen alle Teilnehmer mit ein.

Paraphrasieren

Paraphrasieren bedeutet, das Gesagte – oder vielmehr das, was man selbst verstanden hat – in eigenen Worten zusammenzufassen und zu wiederholen. Das kann der Moderator machen, aber auch jeder Teilnehmer der Runde. Wir kennen die Paraphrase alle in Form einer eher ungläubigen Nachfrage, in der bereits hörbarer Zweifel mitschwingt.

BEISPIELE

Sie wollen nicht wirklich behaupten, dass er das Geld selbst aus der Kasse genommen hat?

Habe ich das richtig verstanden: Der Termin verschiebt sich um zwei Monate nach hinten?

Bei konstruktiv eingesetzten Paraphrasen, um die es in diesem Abschnitt geht, versucht der Moderator hingegen, eigene Meinungen und Bewertungen herauszulassen. Stattdessen fasst er Inhalte in eigenen Worten zusammen. Er versucht, den Kern des Gesagten herauszuarbeiten, zu strukturieren und zu präzisieren. Dies kann er in eine Frage oder eine Aussage kleiden. In den meisten Fällen wird er wichtige Aussagen paraphrasieren, um sich dann bestätigen zu lassen, dass die Kernaussage richtig verstanden und wiedergegeben ist.

BEISPIELE: PARAPHRASIERENDE FRAGEN

Sie sind demnach der Meinung, dass ...?

Wenn ich das mal zusammenfasse, haben Sie uns gerade erläutert ...

Sie denken, wir sollten künftig folgendermaßen verfahren ...

Ich höre heraus, dass Sie ...

In wichtigen Gesprächen mit konträren Meinungen kann man auf diese Weise kontinuierlich während eines Gesprächs feststellen, ob man sich gegenseitig richtig verstanden hat. Paraphrasieren zwingt zum guten Zuhören, schafft eine gemeinsame Basis und kann Missverständnisse ausräumen, sodass Konflikte bereits in frühem Stadium verhindert oder deeskaliert werden können. Aber auch wenn man keinen Konflikt befürchtet, kann es helfen, einen Beitrag oder den Stand einer Diskussion zusammenzufassen. So wird festgehalten, was bereits geklärt und was entschieden ist und was noch besprochen werden muss. Sie können mithilfe von Paraphrasen Themenwechsel einleiten, Anstöße zum Weiterdenken geben und dafür sorgen, dass alle Teilnehmer die gleiche Informationsbasis haben.

Paraphrasieren – besonders wenn es intensiv angewendet wird – kann Irritationen und Verwunderung bei anderen auslösen. Erläutern Sie den Gesprächspartnern daher diese Technik im Vorfeld.

> Beim Paraphrasieren geht es darum zu überprüfen, ob man alles richtig verstanden hat. Zur Methode gehören keine Ratschläge, Einschätzungen oder Interpretationen durch den Paraphrasierenden.

Eine Sonderform des Paraphrasierens ist das aktive Zuhören. Dabei werden zusätzlich auch empfangene Empfindungen widergespiegelt, während es hier darum geht, das vom anderen Mitgeteilte möglichst ohne Wertung wiederzugeben (siehe dazu näher das Kapitel »Wer fragt, muss auch zuhören können«).

Objektivieren

Objektivieren bedeutet, etwas objektiver zu machen, also den Anteil subjektiver Aspekte wie Einzelmeinungen und Vorurteile zu verringern. Dazu kann es auch gehören, emotionale Einflüsse zu reduzieren und ein Thema in eine zugänglichere, leichter zu bearbeitende Form zu bringen. In Gesprächen, insbesondere bei der Moderation von Diskussionen und Kreativrunden, ist das Objektivieren mittels Fragen eine hilfreiche Methode, wenn einzelne Personen oder Argumente das Gespräch dominieren. In solchen Fällen bekommen Nebenaspekte manchmal ein Gewicht, das ihnen gar nicht zusteht. Die Diskussion gerät in eine Sackgasse und die Teilnehmer verstummen nach und nach. Objektivierende Fragen können Situationen dieser Art aufbrechen: Der Moderator greift bewusst steuernd ins Gespräch ein, indem er eine Frage an die komplette Runde gibt und darauf hinweist, dass er von jedem eine Antwort möchte.

BEISPIELE: OBJEKTIVIERENDE FRAGEN

Welchen Eindruck haben die anderen Kollegen am Tisch von der Situation?

Ich möchte Sie gerne reihum fragen: Glauben Sie, dass wir langfristig mit dieser Lösung arbeiten können?

Die anderen schweigen. Was halten Sie von diesem ungewöhnlichen Vorschlag?

- **Variante 1:** Der Moderator kann die Anwesenden in der Reihenfolge antworten lassen, die sie selbst wählen. Dabei sollte er darauf achten, dass sich möglichst jeder zu Wort meldet.

- **Variante 2:** In der strikteren Version legt er fest, dass die Teilnehmer in einer von ihm definierten Reihenfolge antworten. Er kann beispielsweise mit dem Teilnehmer links oder rechts von sich selbst starten und anschließend die Frage »in die Runde« geben. Dieser bewusste Stopp und die direkte Einbeziehung aller Teilnehmer bringt in den meisten Fällen so viele neue Aspekte und Meinungen zutage, dass die Diskussion danach wieder auf breiter Basis geführt werden kann.

Fragesystematik und -modelle

Häufig nutzen wir Fragen eher intuitiv. Das verleitet dazu, nur auf diejenigen Frageformen zurückzugreifen, mit denen wir bereits gute Erfahrungen gemacht haben. Wenn wir systematischer herangehen, wählen wir unsere Fragen abhängig von unserem Ziel, der Situation und dem Stand der Dinge aus. Wir denken dann über Folgendes nach, bevor wir Fragen an andere stellen:

- Wo stehe ich gerade im Prozess?
- Wer ist beteiligt?
- Worum genau geht es?
- Welche Art von Antwort will ich?

Wer sich grundsätzlicher mit diesen systematischen Fragestellungen beschäftigen möchte, kann weitere Ideen und Hinweise bei Kommunikationsmodellen wie dem Sender-Empfänger-Modell finden oder etwa dem Vier-Seiten-Modell von Schulz von Thun. Hier soll es insbesondere um einfache Modelle gehen, die zeigen, wie man mit Fragen Gespräche steuern und strukturieren kann. Mithilfe von Screening und Focusing, dem Fragetrichter sowie dem Modell der vier Gesprächsphasen lassen sich Fragerunden und Diskussionen systematisch planen und die jeweils richtigen Fragestellungen für die verschiedenen Phasen auswählen. Ziel ist es aber nicht unbedingt, alle Modelle zu kennen und zu verwenden, sondern ein persönlich passendes und angenehmes Arbeitsmodell zu finden.

Screening und Focusing

Die Screening- oder Analysephase in Gesprächen soll den Teilnehmern Einblicke und einen Überblick verschaffen. Mithilfe der richtigen Fragen werden sie ermutigt, Informationen, Meinungen und Erkenntnisse auszutauschen. Dabei sind sowohl der Adlerblick als auch Detailwissen von Interesse.

Beim Screening nutzt man ...
offene Fragen
Sach-, Meinungs- und Motivfragen
hypothetische, zirkuläre und Wunderfragen
provokante und paradoxe Fragen
um ...
Informationen zu sammeln
sich einen Überblick zu verschaffen
alle Teilnehmer einzubeziehen

Die Screeningphase sollte erst beendet werden, wenn die Teilnehmer den Eindruck gewonnen haben, dass alle Informationen für die weitere Arbeit zur Verfügung stehen.

In der Focusingphase geht es darum, mithilfe von fokussierenden und schließenden Fragen Informationen auf ihre Bedeutung zu überprüfen, das Gespräch anhand eines roten Fadens zu lenken, die Möglichkeiten nach und nach einzuengen. Sie sollte mit schließenden Fragen beendet werden, um Entscheidungen herbeizuführen und ein konkretes Ergebnis zu fixieren.

Beim Focusing nutzt man

fokussierende und Alternativfragen

später auch geschlossene Fragen

skalierende Fragen und Kontrollfragen

steuernde Fragen

um …

Informationen zu sortieren und auszuwerten

Bedeutungen zu erfassen und abzuwägen

zu präzisieren und auf ein Ziel hinzuarbeiten

Der Fragetrichter

Das Modell des Fragetrichters kombiniert die beiden Gesprächsphasen des Screenings und Focusings zu einem vollständigen Ablauf.

- Beim Gesprächsstart ist es sinnvoll, möglichst viel Input zuzulassen. Das symbolisiert der obere breite Teil des Trichters.
- In der zweiten Phase wird die Gesprächsthematik eingeengt. Ähnlich wie in einem Trichterrohr werden hier die Ideen und Vorschläge kanalisiert und schließlich Entscheidungen herbeigeführt.

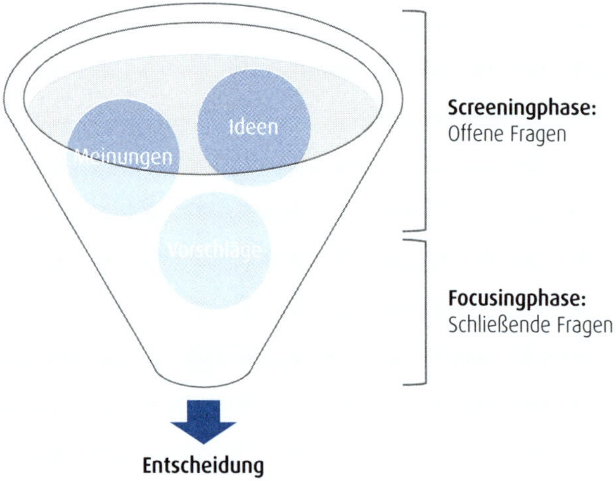

Der Fragetrichter

Vier Gesprächsphasen

Die verschiedenen klassischen und systemischen Frageformen lassen sich kombiniert miteinander für unterschiedliche, ausdifferenzierte Fragestrategien nutzen. Das zweiphasige Trichtermodell kann man dazu in ein für berufliche Zwecke noch weitaus nützlicheres Modell mit vier Gesprächsphasen ausweiten. Zu den Phasen Screening und Focusing kommen dann die beiden Phasen Decision und Consequence hinzu, ins Deutsche übersetzt »Entscheidungsfindung« und »Abschätzung der Folgen«.

Für den Einsatz des vierphasigen Modells gelten die gleichen Regeln und Vorsichtsmaßnahmen wie beim Umgang mit den einzelnen Fragen und dem Fragetrichter. Hier kommt, wie in allen Gesprächssituationen, dem Fragenden als Interviewer, Gesprächsleiter, Vorgesetztem oder Moderator eine wichtige Rolle zu. Denn die einzelnen Fragen und Gesprächsmodelle werden nur zum gewünschten Erfolg führen, wenn der Gesprächsleiter die Entwicklung des Gesprächs aufmerksam begleitet und darauf achtet, dass die jeweils passenden Fragen gestellt werden. In seiner Verantwortung liegt es zu erkennen, wann eine Phase sich dem Ende entgegen neigt, weil ihre Ziele erreicht sind, ob alle Gesprächsteilnehmer das ebenso empfinden und wann die nächste Phase – mithilfe der passenden Frage – gestartet werden kann.

Das Modell der vier Gesprächsphasen	
Phase	**Geeignete Fragen**
1. Screening	Öffnende, hypothetische, provokante Fragen und Wunderfragen → Informationen, Meinungen, Motive sammeln, Überblick verschaffen, alle einbeziehen
2. Focusing	Fokussierende und schließende, skalierende und steuernde Fragen → Informationen bewerten, Bedeutung erfassen, auf ein Ziel hinarbeiten
3. Decision	Geschlossene Fragen → Entscheidungen treffen und Zustimmung zur Lösung einholen, weiteres Vorgehen planen
4. Consequence	Hypothetische und zirkuläre Fragen sowie Wunderfragen → Folgen der Entscheidung analysieren

Fragestrategien für den Berufsalltag

Im Berufsalltag gibt es unzählige Situationen, in denen es entscheidend darauf ankommt, die richtigen Fragen zu stellen. Damit das gelingt, sollten wir uns im Vorfeld bereits Gedanken darüber machen, welche das sein könnten.

In diesem Kapitel erfahren Sie u. a., wie Sie

- eine Fragestrategie entwickeln,
- Meetings und Prozesse mit Fragen steuern,
- Mitarbeiter mit der richtigen Fragetechnik zur Reflexion anregen und motivieren.

Ziele und Aufgaben festlegen

Mit der richtigen Frage lässt sich viel erreichen, mit der falschen viel kaputtmachen. Deshalb bietet es sich insbesondere bei wichtigen Gesprächen an, sich vorab eine Fragestrategie zurechtzulegen. Es gibt Fragearten, die fast immer falsch sind. Dazu zählen rhetorische, missverständliche, suggestive und manipulative Fragen. Die »richtigen« Fragen hingegen sind jeweils diejenigen, die in einer bestimmten Situation geeignet sind, uns unserem Ziel näherzubringen.

Nun gibt es nicht nur die falschen Fragen, sondern auch zahlreiche falsche Ziele, die man mit Fragen zu erreichen sucht. Dazu zählen das Ausfragen, das Dominieren, Irreführen, Belehren, Anbiedern und Abwerten – alles Ziele, die wir hier nicht weiter behandeln wollen. Welche positiven und unterstützenden Ziele und Absichten wir in unterschiedlichen Fragesituationen verfolgen können und welche konkreten Aufgaben daraus resultieren, ist das Thema der folgenden Abschnitte.

Sich über die Ziele klarwerden

Mit Sicherheit hat keine Gesprächssituation, sei es ein Meeting oder ein Mitarbeitergespräch, nur ein einziges Ziel. Es gibt immer mehrere Ziele und Teilziele, darunter informations- und prozessorientierte, aber auch solche, bei denen es darum geht, alle Beteiligten ins Boot zu holen und zu motivieren. Für den Fragenden ist es sinnvoll, sich über diese verschiedenen Ziele des Meetings bewusst zu sein und sie gegebenenfalls in Hauptziele und nachrangige Ziele zu unterteilen.

Mögliche Ziele für Meetings

Daten, Fakten, Informationen gewinnen
Projektstand und Vorkenntnisse erfahren
Meinungen und Einstellungen ermitteln
Prozesse und Reflexion anstoßen
Kreative Lösungen finden
Handlungsoptionen erkennen
Zu Schlussfolgerungen anregen
Besprechung lenken
Entscheidungen treffen
Konflikte schlichten
Aktive Beteiligung sicherstellen

Mögliche Ziele für die Moderation

Gespräche in Gang bringen und in Gang halten
Besprechungen strukturieren und lenken
Wissen und Erfahrungen verfügbar machen
Alle Teilnehmer einbinden
Die Arbeit an den Arbeitszielen fokussieren
Teilziele ansteuern und Ab- sowie Umwege vermeiden
Perspektivenwechsel ermöglichen
Stockungen und Denkblockaden überwinden
Konflikte schlichten
Motivieren

Mögliche Ziele für Mitarbeitergespräche
Kompetenzen klären
Potenzial für Weiterentwicklung identifizieren
Motivation erkennen
Feedback geben
Zufriedenheit erfahren
Reflexion anregen
Leistungen verbessern
Klarheit schaffen
Rückdelegation verhindern
Konflikte schlichten
Vertrauen stärken
Perspektivenwechsel

Hauptfunktionen des Fragens

Der Buchautor und Coach Andreas Patrzek unterscheidet sechs – positive – Hauptfunktionen des Fragens.

- Drei davon sind eher sachorientiert. Dabei geht es also um Informationen und sachbezogenes Wissen. Diese Hauptfunktionen sind die Beschaffung von Informationen, die Strukturierung der Prozesse und die Entscheidungsfindung.
- Die drei weiteren Hauptfunktionen Reflexion, Kontakt und Beziehung sind eher personenorientiert. Hierbei dreht es sich insbesondere um Einstellungen, Gedanken und Gefühle.

Diese sechs Hauptfunktionen können helfen, die jeweiligen Frageziele sinnvoll zu clustern, in den Gesprächsverlauf einzubetten und zu beobachten.

Die Hauptfunktionen des Fragens	
Sachorientierung	
Information	Kenntnisstand ausweiten, Neuigkeiten erfahren, für alle verfügbar machen
Strukturierung	Komplexe Sachverhalte gliedern, Überblick verschaffen, in Informationseinheiten zerlegen
Entscheidung	Position beziehen, Diskussionen zum Abschluss bringen und tätig werden
Personenorientierung	
Reflexion	Nachdenken, Haltungen, Positionen und Entscheidungen reflektieren
Kontakt	Mit Fragen Kontakt aufnehmen, Hoffnung auf Antwort ausdrücken
Beziehung	Botschaften auf der Gefühlsebenen transportieren, Verständnis aufbauen

Den passenden Fragestil wählen

Während das sachorientierte Fragen, verallgemeinernd gesprochen, eher den Interessen des Fragenden und der Informationsgewinnung dient, sucht das personenorientierte Fragen stärker den Nutzen für den Befragten und legt den Fokus auf Reflexion und Beratung. Je nachdem, ob die Fragesituation stärker personen- oder sachorientiert angelegt ist, unterscheidet Patrzek für berufliche Gesprächssituationen fünf verschiedene Fragestile.

Fragestile und ihre Personen- und Sachorientierung		
Laissez-Faire	▪ Sachorientierung gering ▪ Personenorientierung gering	Signalisiert wenig Interesse, nur als Gesprächseinstieg geeignet
Coachend	▪ Sachorientierung gering ▪ Personenorientierung hoch	Signalisiert starkes Interesse an Gedanken/ Motivation des Befragten
Integrativ	▪ Sachorientierung mittel ▪ Personenorientierung mittel	Beide Aspekte sind wichtig; beide brauchen Platz und ergänzen sich
Konsultativ	▪ Sachorientierung hoch ▪ Personenorientierung hoch	Sowohl Fakten als auch Motive des anderen sehr wichtig
Investigativ	▪ Sachorientierung hoch ▪ Personenorientierung gering	Starkes Interesse an Fakten/Information

Keiner der fünf genannten Fragestile ist per se besser oder schlechter als ein anderer. Der Fragende sollte je nach Situation und Interessen entscheiden, welchen Stil er anwenden will. Dabei kann es nützlich sein zu überlegen, wie viel Zeit ihm zur Verfügung steht, um ein Ziel zu erreichen.

- Ist gerade schnelle Hilfe vonnöten oder geht es um eine langfristige Perspektive?
- Sind visionäre Ideen gefragt oder pragmatische Lösungen?

Die Wahl des passenden Fragestils kann dazu beitragen, das Gespräch in die gewünschte Richtung zu lenken. Umgekehrt sollte es der Frager vermeiden, durch die Verwendung eines der Situation unangemessenen Fragestils irritierende Signale an den Befragten zu senden.

Meetings gestalten und Prozesse moderieren

Moderation heißt, die gemeinsame Arbeit einer Gesprächsrunde oder eines Teams zielgerichtet, wertschätzend und uneigennützig zu gestalten und zu fördern. Der Moderator, der möglichst unabhängig und überparteilich agieren sollte, nutzt verschiedene Moderationsmethoden zur Strukturierung und um alle Teilnehmer einzubeziehen. Ziel ist es, gemeinsam und einvernehmlich kreative Lösungen zu entwickeln, die von der ganzen Gruppe getragen werden. Der Moderator sorgt für eine angenehme Gesprächsatmosphäre, achtet darauf, dass auch abweichende Meinungen möglich sind und steuert das Gespräch sinnvoll bis zu einer gemeinsamen Lösung oder Entscheidung.

Die systemische Moderation

Systemische Moderationen sind im beruflichen Umfeld ein eher neues Instrument. Sie nutzen bewusst systemische Fragestellungen, um eine intensive interdisziplinäre Zusammenarbeit zu erreichen. Je nach Thema, Zielen und der Zusammensetzung des Teams können das einzelne Fragen in bestimmten Momenten sein oder auch eine kontinuierliche Nutzung dieser Technik. Die systemischen Fragen läuten dann häufig einen gewünschten Perspektivenwechsel ein, setzen neue Denkprozesse in Gang, schaffen gegenseitiges Verständnis und verändern die Kommunikation im Team. Deshalb eignen sie sich auch in besonderem Maße für Workshops zur Zielfindung.

Anwendungsbeispiele		
Moderation mit systemischer Grundhaltung	Für Teamentwicklung und Konfliktklärung	Es kommen hauptsächlich systemische Fragen zum Einsatz. Grundhaltung: Die Lösung kommt immer aus dem System; Beziehungen und Wechselwirkungen zwischen den Personen sind wichtig.
Moderation mit einzelnen systemischen Elementen	Für die kreative Ideenfindung und um Blockaden zu überwinden	Es kommen einzelne, bewusst ausgewählte systemische Fragen zum Einsatz, zum Beispiel hypothetische Fragen oder eine Wunderfrage, um neue Blickwinkel zu ermöglichen.

Systemische Moderation kann sowohl in Gesprächen und Workshops wie auch langfristig in einer gesamten Abteilung oder einem Unternehmen neue Sicht- und Herangehensweisen etablieren. Denn systemische Fragen orientieren sich nicht an Problemen, Schwächen und Defiziten, sondern lenken den Blick auf vorhandene Stärken, die weiter ausgebaut werden können. Im beruflichen Umfeld kann das Schuldzuweisungen und Rechtfertigungsdruck reduzieren. Die dann neu entstehende Offenheit ist eine gute Basis, um innovative Ideen zu entwickeln und überraschende Lösungen zu finden.

Die Aufgaben des Moderators

Fragen sind die wichtigsten Instrumente jeder Moderation. Sie ermöglichen es, Themen zu vertiefen, neue Ideen und Denkrichtungen einzuführen und zur Reflexion anzuregen. Im Gegensatz zu Vorträgen und Statements anderer, die bestenfalls bruchstückhaft erinnert werden, bleiben eigene Denkprozesse und Überlegungen deutlich länger und umfassender in der Erinnerung der Teilnehmer verankert. Die beste und erfolgreichste Vorgehensweise für einen Moderator ist es deshalb, sich selbst zurückzunehmen und die Gespräche und Diskussionen insbesondere mithilfe von Fragen zu steuern.

Weder die Herausforderung darin noch die Verdienste dabei darf man unterschätzen. Moderation erfordert ununterbrochen höchste Konzentration. Denn während er den Beiträgen und Antworten der Teilnehmer zuhört, formuliert der Moderator bereits die nächste Frage, gleicht ab, ob das Team noch beim Thema ist, und überlegt, ob er die Diskussion zum Ende führen oder mit einer überraschenden Frage noch einmal eine neue

Runde einläuten sollte. Der Moderator animiert, gestaltet und strukturiert also mit seinen Fragen. Die Statements überlässt er, wo immer möglich, den Teilnehmern. Er sorgt zudem für eine konstruktive Diskussionskultur, indem er unsachliche und aggressive Fragen oder Beiträge der Teilnehmer sprachlich neutralisiert und umformuliert in die Diskussion zurückspielt.

Welche Fragen ein Moderator vermeiden beziehungsweise bei anderen unterbinden sollte

- Unsachliche, aggressive Fragen und persönliche Angriffe. Sie müssen mit Nachdruck zurückgewiesen oder neutralisiert werden.
- Rhetorische, suggestive und demagogische Fragen
- Langweilige, sinnlose und unnötige Fragen
- Unklare, diffuse und ausschweifende Fragen
- Warum-Fragen

Antworten Sie als Moderator nie selbst auf eine Frage. Geben Sie stattdessen die Frage an die Gruppe zurück oder an einen Experten weiter.

Rufen Sie Teilnehmer, die sich nicht zu Wort melden, auf keinen Fall auf. Das weckt unangenehme Assoziationen an die Schulzeit.

Sieben Schritte für bessere Fragen

Eine weitere Möglichkeit, seine Fragekompetenz weiter zu verfeinern, die insbesondere auch Moderatoren zugutekommt, ist es, sich an die »Sieben Schritte zu besseren Fragen« des amerikanischen Autors Andrew Finlayson zu halten. Er listet sieben Bereiche auf, die bei der Vor- und Nachbereitung von Fragesituationen wichtig sind. Sie systematisch zu überprüfen, kann helfen, die eigene Position und die Bedürfnisse noch einmal zu reflektieren und dadurch die eigenen Fragen vor und während Besprechungen und Meetings zu präzisieren.

Vor- und Nachbereitung von Fragesituationen	
Schritt 1: Ausrichtung oder: Was will ich wissen?	Was genau suche ich? Daten und Fakten, Kontextinformationen, einen Experten, Meinungen, Möglichkeiten oder Zustimmung? Wann brauche ich das?
Schritt 2: Expertise oder: Wer weiß bei diesem Thema Bescheid?	Wer ist der Experte? Kann und will er meine Fragen beantworten? Wie erreiche ich ihn?
Schritt 3: Atmosphäre oder: Wann ist welche Frage passend und angebracht?	Wie ist das Verhältnis in der Gesprächssituation? Will oder muss ich die Frage jetzt stellen? Kann ich warten und wird es einen besseren Zeitpunkt geben?
Schritt 4: Formulierung oder: Welche Frageform ist am hilfreichsten?	Welche Frageform erleichtert dem Befragten die Antwort? Wird er gerne antworten und habe ich genug Zeit und Energie ihm zuzuhören?
Schritt 5: Antworten oder: Bekomme ich, was ich erhofft habe?	Wie spezifisch und präzise sind die Antworten? Kann ich sie nachprüfen? Was bleibt unbeantwortet?
Schritt 6: Anerkennung oder: Wie baue ich Beziehungen auf?	Habe ich respektvoll zugehört? Wird er mir in Zukunft wieder helfen? Habe ich mich bedankt?
Schritt 7: Handeln oder: Wie gehe ich mit den Antworten um?	Welche Konsequenzen ziehe ich aus meinem neuen Wissen? Was verändere ich? Wann?

Im Mitarbeitergespräch

In Mitarbeitergesprächen kann es sich um viele verschiedene Themen drehen: um die turnusmäßige Zielvereinbarung, um Potenzialermittlung, Konfliktlösung oder sogar um eine Abmahnung oder Kündigung.

Vorschlag für eine Grundstruktur

Andreas Patrzek bietet in seinem Buch »Fragekompetenz für Führungskräfte« eine sinnvoll erscheinende Grundstruktur für Mitarbeitergespräche an. Er empfiehlt, solche Gespräche möglichst mit sehr hoher Aufmerksamkeit für die Person und ihr aktuelles Befinden zu starten. Im weiteren Verlauf können dann sachbezogene Aspekte, beispielsweise Arbeitsabläufe oder eine Zielvereinbarung, in den Vordergrund rücken, jedoch ohne die Person dabei ganz aus den Augen zu verlieren. Am wesentlichen Punkt des Gesprächs geht es aber in den meisten Fällen darum, die Sachaspekte und die personenbezogenen Aspekte der vereinbarten Ziele gleichrangig zu betrachten, miteinander zu verknüpfen und gemeinsam festzulegen. Den Abschluss des Gespräches sollten ein Resümee und eine Reflexion des aktuellen Befindens bilden.

BEISPIEL: EIN JAHRESGESPRÄCH FÜHREN

Zum Einstieg Fragen nach der persönlichen Zufriedenheit mit der Arbeitssituation stellen. Dann selbst Feedback geben. Die Aufgaben des Mitarbeiters anschließend unter persönlichen und unternehmensbezogenen Blickwinkeln überprüfen und gegebenenfalls neu justieren. Zum Abschluss sachliche Verabredungen festhalten und nachfragen, ob alle Fragen geklärt wurden und der Mitarbeiter zufrieden mit dem Ergebnis ist.

Was man im Mitarbeitergespräch vermeiden sollte

Verhörfragen und bedrängende Warum-Fragen

Suggestivfragen und rhetorische Fragen

Mehrere Fragen in einem Atemzug stellen

Langes Monologisieren, ehe eine Frage kommt

Fragen kreuz und quer ohne Konzept

Viele kurz aufeinanderfolgende geschlossene Fragen

Fragen, die nicht eindeutig formuliert sind

Den Mitarbeiter unterbrechen oder nicht ausreden lassen

Fragen stellen und selbst die Antwort geben

Nicht-coachende Mitarbeitergespräche

Grundsätzlich unterscheidet man bei Mitarbeitergesprächen eher coachende und nicht-coachende Varianten. Bei der zweiten Alternative geht es häufig darum,

1. Kompetenzen und Potenziale zu identifizieren,
2. Möglichkeiten zur Weiterentwicklung zu besprechen und
3. die Motivation des Mitarbeiters zu erkunden.

Alle drei Aspekte lassen sich zum Start des Gesprächs mit offenen Fragen einleiten und im weiteren Verlauf mithilfe von fokussierenden und schließenden Fragen einengen, um dann zu gemeinsamen Entscheidungen zu kommen.

Coachende Mitarbeitergespräche

Um die Leistung von Mitarbeitern zu verbessern oder zur Überwindung von kritischen Phasen kann sich ein eher coaching-orientiertes Gespräch anbieten. Hier kann der Vorgesetzte Fragen zur Reflexion stellen und so einen Verbesserungsprozess bei seinem Mitarbeiter anleiten: »Was haben Sie bisher schon versucht? Was könnten Sie zusätzlich noch tun?« Er signalisiert damit auch, dass eine Rückdelegation der Aufgaben an die Führungskraft nicht möglich ist.

Wenn Sie als Führungskraft ein erfolgreiches coachendes Gespräch mit Ihrem Mitarbeiter führen wollen, sollten Sie dessen Gedanken-, Werte- und Gefühlswelt erkunden, um ihn gut beraten zu können. Das geschieht am besten durch offene Fragen. Mit den richtigen Fragen laden Sie den Mitarbeiter zu einem Perspektivenwechsel ein, so dass er sein Problem aus einem anderen Blickwinkel betrachten kann.

Solche Problemlösungsprozesse laufen im Allgemeinen in vier Phasen ab:

1. Orientierungsphase
2. Klärungsphase
3. Veränderungs-/Lösungsphase
4. Abschlussphase

Der Vorgesetzte kann hier das gesamte Fragenspektrum, angefangen von öffnenden bis hin zu fokussierenden und schließenden Fragen, nutzen und einsetzen. Geht es zunächst darum herauszufinden, was den Mitarbeiter bewegt, kann man klassische Fragen, insbesondere offene, verwenden.

Scheuen Sie sich nicht davor, ins Detail zu gehen. Nutzen Sie konkretisierende Nachfragen, um den Dingen genau auf den Grund zu gehen, wo etwas unscharf bleibt. Lösen Sie damit Generalisierungen wie »immer«, »nie« oder »jeder« auf. Implizite Annahmen und Blockaden, die darauf schließen lassen, dass der Mitarbeiter sich selbst nichts zutraut oder glaubt, dass Kollegen ihm nichts zutrauen, lassen sich mit verschiedenen Funktions- oder systemischen Fragen ansprechen und auflösen. Während des Gesprächs können Sie versuchen, zunächst problemorientierte, anschließend ressourcenorientierte und abschließend zielorientierte Fragen zu stellen.

Fragespektrum	
Problemorientierte Fragen	Offene Fragen können dabei helfen, die Situation kennenzulernen und besser zu verstehen. Vorsicht: Nicht zu lange über negative Dinge sprechen!
Ressourcenorientierte Fragen	Solche Fragen thematisieren Stärken und was oder wer bei der Bewältigung helfen kann. Beispiel: Welche besonderen Situationen oder Maßnahmen helfen, um eine Eskalation zu verhindern?
Zielorientierte Fragen	Sie fokussieren die gewünschte Zukunft, die vor dem inneren Auge entstehen und ausgemalt werden soll. Zudem werden damit mögliche Hindernisse auf dem Weg zum Ziel aufgespürt.

Ein Beispiel: So fragen Sie im Mitarbeitergespräch ...	
... problemorientiert	Wieso kommen Sie jeden Morgen zu spät? Was hindert Sie daran, pünktlich zu sein?
... ressourcenorientiert	Als Sie neulich pünktlich waren: Was war an diesem Tag anders? Was tun Sie heute schon, damit Sie nicht noch später kommen?
... zielorientiert	Wie könnte eine Lösung aussehen? Was wollen Sie erreichen? Bis wann? Was wird das in Ihrem Leben ändern?

Bei ressourcen- und zielorientierten Fragestellungen lässt sich zusätzlich ausgezeichnet mit systemischen Mitteln arbeiten. Hier eignen sich vor allem skalierende, dissoziierende, hypothetische und paradoxe Fragen.

Auf einen Blick: Fragestrategien für den Berufsalltag

- Wer die falschen Fragen oder die richtige Frage zur falschen Zeit stellt, kann viel kaputtmachen. Deshalb bietet es sich insbesondere bei wichtigen Gesprächen an, sich vorab eine Fragestrategie zurechtzulegen.
- Für die Wahl der passenden Fragestrategie sind das Thema der Besprechung, die Beteiligten und die Ziele, die mit dem Gespräch verfolgt werden, entscheidend.
- Je nach beruflichem Kontext bietet es sich an, das Gespräch in unterschiedliche Phasen einzuteilen, die jeweils unterschiedliche Frageformen erfordern.

Die falschen und die bösen Fragen

Fragen können fatale Folgen haben – für den Fragenden, wenn er die falsche Frage stellt, und für den Befragten, wenn die Frage eine Falle birgt, die er nicht erkennt.

In diesem Kapitel erfahren Sie u. a.,

- welche Fragen Sie grundsätzlich vermeiden sollten,
- wie Sie am besten auf fiese Fragen von anderen reagieren,
- warum es manchmal besser ist, einfach zu scheigen.

Fehler, die Sie beim Fragen vermeiden sollten

Die richtigen Fragen in der richtigen Situation helfen uns, Ziele zu erreichen, Mitarbeiter zu führen oder die Kreativität anderer anzukurbeln. Leider kann man mit Fragen aber auch das Gegenteil bewirken, etwa dann, wenn sie vom Befragten als aggressiv, respektlos oder herabwürdigend empfunden werden.

Fehler Nr. 1: Mit Fragen Druck ausüben

Nicht nur unsere Mimik und Gestik, auch die Art, wie wir Fragen formulieren und übermitteln, entfaltet Wirkung auf andere.

BEISPIEL

Wenn ein Projekt schiefgelaufen ist und das Team sich zu einer Besprechung trifft, um die Fehler zu analysieren, hängt viel davon ab, was und wie der Chef fragt. Schießt er rasch hintereinander eine ganze Reihe von kurzen Fragen ab, auf die er offenkundig keine ausführlichen, erläuternden Antworten will? Das wirkt inquisitorisch und ungehalten, kann Mitarbeiter einschüchtern und ihnen den Eindruck vermitteln, dass ihr Vorgesetzter sie für schuldig hält. Bleibt er hingegen ruhig, stellt er sachliche Fragen und hört den Antworten darauf geduldig zu, ist der Eindruck, den er macht, ein ganz anderer: Er gibt den Mitarbeitern Zeit nachzudenken und signalisiert, dass es ihm darauf ankommt, miteinander in Ruhe die Ursachen zu finden. Das löst weniger Angst und Abwehr aus und hilft, gemeinsam zu analysieren, was beim nächsten Mal vermieden oder besser gemacht werden muss.

Besonders vorsichtig umgehen sollte man in kritischen Situationen mit Warum-Fragen. Fragen wie »Warum ist das schiefgegangen?«, »Warum waren Sie nicht rechtzeitig da?«, oder: »Warum fehlt hier die Sicherung?«, drängen die meisten Menschen in die Defensive und lösen Rechtfertigungsdruck in ihnen aus. Das nützt auch dem Fragenden wenig, weil die Antworten dann häufig aus einer endlosen Schleife von Begründungen, Erklärungen und Rechtfertigungen bestehen. Aufarbeitung von Fehlern ist natürlich wichtig, aber statt sich zu intensiv mit Problemen der Vergangenheit zu beschäftigen, sollte man zügig umschwenken und gemeinsam überlegen, was in der Zukunft besser laufen kann. Statt »Warum ist das schiefgegangen?«, sollten wir also vielmehr fragen: »Was können wir beim nächsten Mal anders machen?«, oder: »Wen sollten wir noch mit an Bord holen?«, oder: »Was brauchen wir zusätzlich?«.

Je kürzer eine Frage ist, desto bedrohlicher wird sie vom Gegenüber wahrgenommen. Viele kurze Fragen schnell hintereinander signalisieren, dass man an einer erklärenden Antwort nicht sehr interessiert ist.

Fehler Nr. 2: Ärger und Wut in eine Frage packen

Fragen wie »Haben Sie eigentlich Augen im Kopf?«, oder auch: »Welchen Mist haben Sie denn jetzt wieder veranstaltet?«, gehören zu den rhetorischen Fragen, auf die der Fragende natürlich keine Antwort erwartet. Sie dienen nur dazu, Wut und Ärger auszudrücken, dabei Mitarbeiter vorzuführen und deren – echte oder vermeintliche – Fehler und Versäumnisse auf gehässige Weise offenzulegen. Geschieht dies dann noch vor versammelter Mannschaft, ist das eine sehr aggressive Machtdemonstration, die das Vertrauensverhältnis und das Arbeitsklima auf sehr lange Zeit, wenn nicht sogar für immer beschädigt.

Und auch wenn es bei Ihnen nicht ganz so ruppig zugeht: Vorsicht ist geboten mit allen Fragen, auf die Sie keine Antwort erwarten. Diese rhetorischen Fragen, die man üblicherweise dazu verwendet, seine eigenen Aussagen zu verstärken, sind in freundlichen Gesprächssituationen erlaubt – vorausgesetzt, man geht sehr sparsam mit ihnen um. Wenn man negative Dinge ansprechen muss, sollte man sie unbedingt vermeiden, weil sie dann schnell bösartig oder gehässig wirken können.

Fehler Nr. 3: Rhetorisch, suggestiv oder demagogisch fragen

Rhetorische Fragen sind, wie gerade ausgeführt, Scheinfragen. Auch wenn sie mit einem Fragezeichen enden, sind sie keine richtigen Fragen, denn wer sie benutzt, erwartet keine Antwort. Solche »Fragen« tragen ihre Antwort schon in sich, sind also in Wirklichkeit rhetorische Stilmittel unter dem Deckmantel einer Frage. Man könnte auch sagen, sie sind kein Mittel der Informationsgewinnung, sondern der Beeinflussung.

Rhetorische Fragen gezielt und dosiert eingesetzt, können Gespräche abwechslungsreich und lebendig machen. Außerdem kann derjenige, der sie verwendet, damit zeigen, dass er sich auskennt und weiß, was los ist. Werden sie jedoch allzu häufig und in schlechter Absicht eingesetzt, können sie nerven, manipulativ wirken und Ablehnung erzeugen.

BEISPIELE: RHETORISCHE FRAGEN

Wollen Sie, dass ich Sie sofort rauswerfe?

Ja glauben Sie denn, mir macht das Spaß?

Kann ich etwas dafür, dass Ihr Kind krank ist?

Eine Suggestivfrage hat nicht allein das Ziel, eine Meinung des Sprechers unter dem Deckmantel der Frage zu transportieren. Sie bezweckt auch, das Gegenüber gezielt zu beeinflussen. Hier ist die – scheinbar einzig mögliche – Antwort schon vorgegeben und die Fragestellung impliziert, dass jede andere Reaktion Dummheit oder Affront wäre.

BEISPIELE: SUGGESTIVFRAGEN

Sie wollen jetzt nicht etwa schon gehen?

Sie behaupten nicht wirklich, ich hätte Sie angefasst?

Wollen Sie, dass Ihre Familie richtig glücklich ist?

Suggestivfragen kann man bei einem vertrauensvollen und konstruktiven Umgang miteinander hin und wieder humorvoll einsetzen. In allen anderen Situationen wirken sie sehr aggressiv und manipulativ und schaffen eine extrem ungleiche Situation. Vor allem derjenige, der in der Hierarchie weiter unten steht, bekommt mit solchen Fragen quasi die Antwort in den Mund gelegt, kann kaum noch Nein sagen und fühlt sich so in eine bestimmte Richtung gedrängt. Suggestivfragen bewirken daher in den allermeisten Fällen offene oder verdeckte Ablehnung beim Gegenüber.

In der gleichen Gewichtsklasse wie die Suggestivfragen kämpfen die demagogischen Fragen: Sie arbeiten zusätzlich mit Unterstellungen, die implizit in die Frage eingebaut sind.

BEISPIELE: DEMAGOGISCHE FRAGEN

Wussten Sie, dass Herr Müller so ein Faulenzer ist?

Warum wollen wir denn alle, dass es klappt?

Woher wusste sie wohl so viel über den Kunden?

Wenn es gelingt, schieben demagogische Fragen den Befragten unbemerkt unbewiesene Annahmen unter und manipulieren so ihre Meinung. Sie wirken schnell hetzerisch und sind ein starkes Mittel der Stimmungsmache, auch im politischen Rahmen. Informationsgewinn bringen sie eher keinen. Die negativen Appelle an Gefühle, Instinkte und Vorurteile wirken – wenn sie erkannt werden – auf viele Menschen eher abstoßend. Deshalb: Vermeiden Sie Demagogie in allen beruflichen und persönlichen Fragesituationen.

Was sonst noch schiefgehen kann

Es gibt Fehler in der Kommunikation, die Fragesituationen schwierig machen. Sie sind in der Regel kein Drama, führen jedoch häufig dazu, dass ein Gespräch weniger Ergebnisse bringt als erhofft. Es ist daher ratsam, das Bewusstsein für solche Fehler zu stärken. Hier eine kleine Liste, jeweils mit Verbesserungsvorschlag:

- Sie stellen mehrere Fragen auf einmal. Wenn es zu viele sind, verwirrt das den Befragten und er beantwortet sie nur teilweise. Zusätzlich verschafft ihm das die Möglichkeit, unangenehme Fragen bewusst auszulassen.
  Abhilfe: Stellen Sie Fragen immer einzeln nacheinander.
- Sie stellen schnell hintereinander eine Reihe von geschlossenen Fragen. Der Befragte fühlt sich wie in einem Tunnel von ja-ja-ja oder nein-nein-nein. Er resigniert und zieht sich womöglich innerlich zurück.
  Abhilfe: Wechseln Sie zwischen den Fragearten, machen Sie Pausen, erläutern Sie Ihre Fragen näher.
- Sie halten einen langen Monolog, bevor Sie eine Frage stellen. Der Redeschwall bewirkt, dass der Befragte nur kurz antwortet, weil er das Gefühl hat, dass schon alles gesagt ist.
  Abhilfe: Setzen Sie lange Vorreden nur ein, wenn Sie bewusst Druck aus der Fragesituation nehmen wollen.
- Sie geben die Antwort – womöglich in wohlwollender Absicht – schon in Ihrer Frage vor. Manche Befragte fühlen sich dadurch womöglich entmündigt, andere stimmen Ihnen zu, obwohl die Antwort nicht zutrifft. Dadurch erfahren Sie nicht die Wahrheit.
  Abhilfe: Formulieren Sie die Frage offen, schweigen Sie dann geduldig und warten Sie die Antwort ab.

- Sie bombardieren Ihr Gegenüber – wie in einem Verhör – mit vielen kurzen Fragen in bohrendem Ton. Der Befragte fühlt sich dadurch massiv unter Druck gesetzt. Er wird womöglich mauern, Ausreden suchen oder jede Art von Kooperation verweigern.
  Abhilfe: Verzichten Sie möglichst auf Warum-Fragen. Fragen Sie in neutralem Ton, stellen Sie zwischendurch offene Fragen und lassen Sie Ihrem Gesprächspartner viel Zeit zu antworten.
- Sie stellen diffuse, ungenaue Fragen. Weil dem Befragten unklar bleibt, was Sie wirklich erfahren oder erreichen wollen, bleiben seine Antworten vage.
  Abhilfe: Formulieren Sie Ihre Fragen so eindeutig wie möglich, stellen Sie komplexe Bedeutungsinhalte einfach dar. Vermeiden Sie Fachbegriffe und -sprache, wenn Sie nicht gerade einen Experten vor sich haben.
- Sie stellen zu viele Detailfragen nach sehr speziellen Aspekten. Der Befragte weicht aus oder improvisiert, wenn er nicht mehr weiter weiß.
  Abhilfe: Bestimmen Sie die Frageebene vorab richtig und passen Sie sie dem Wissen des Befragten an.
- Sie stellen Ihre Fragen kreuz und quer, ohne Struktur und erkennbares Ziel. Der Befragte ist verwirrt, weil er nicht weiß, was die Fragen bezwecken. Das verschlechtert die Qualität der Antworten.
  Abhilfe: Legen Sie das Ziel Ihrer Fragen vorab fest und halten Sie sich an die vorgesehene Struktur (siehe hierzu näher das Kapitel »Fragesystematik und -modelle«).

- Sie insistieren zu lange und wiederholen bereits beantwortete Fragen mehrfach. Der Befragte fühlt sich in eine Richtung gedrängt, empfindet die Fragen möglicherweise als Vorwurf. Abhilfe: Überprüfen Sie Ihre Hypothesen und seien Sie offen für andere Meinungen und Sichtweisen.

Fiese Fragen und wie man darauf reagiert

Wieso kann uns jemand mit einer einzigen fiesen Frage völlig aus dem Konzept bringen? Das hat unter anderem damit zu tun, dass der Mechanismus »Wer fragt, der führt« ziemlich effektiv wirkt. Der Fragende führt die Diskussion an und bestimmt die Richtung, die sie nimmt, ebenso wie die Tonlage, die inhaltliche Tiefe und vieles mehr. Fragen ist immer die aktivere, dominantere Redeform, denn: »Wer antwortet, der wird geführt«. Darauf muss man sich als derjenige, der »Rede und Antwort steht«, vorbereiten und wenn möglich den Druck und die unterlegene Haltung abstreifen, die daraus entstehen können. Eine entspannte und souveräne innere Einstellung ist in jedem Fall hilfreich, um sachliche, wohlmeinende, interessierte und verbessernde Fragen zu beantworten. Wenn es gut läuft, schaffen wir es als Befragter dann sogar, die Fragesituation in eine Diskussion überzuführen, in der alle gleichberechtigt ihre Ideen und Meinungen einbringen können.

All das ist aber ungleich schwerer, wenn der Fragende keine wohlmeinenden Absichten hat. Hin und wieder begegnen wir Menschen, die Fragen einsetzen, um andere unter Druck zu setzen, lächerlich zu machen oder inkompetent erscheinen zu lassen. Dazu benutzen sie sowohl Fragen, die auf korrekten Fakten basieren, als auch solche, die völliger Quatsch sind und einem Faktencheck nicht standhalten würden. Dennoch erreichen auch diese unsinnigen Fragen ihr Ziel: Sie schaffen einen Moment von Verunsicherung beim Befragten, was unbeteiligte Zuhörer häufig als Unkenntnis interpretieren.

Das trifft sogar auf Fragen zu, die man nicht beantworten kann, weil jede Antwort sinnlos wäre. Solche also, die allein das Ziel haben, Zeit zu schinden, andere aufs Glatteis zu führen, zu verwirren oder die Zuhörer zu belustigen. Doch was tut man in solchen Fällen als derjenige, von dem eine Antwort erwartet wird?

Die eine Lösung: freundliche Zurückweisung

Wer sagt, dass man auf jede noch so dumme oder bösartige Frage eine Antwort geben muss? Antworten ist nur eine der möglichen Reaktionen auf Fragen, und es gibt gute Gründe, das in konstruktiven und wohlgesinnten Gesprächssituationen auch zu tun. Wenn man jedoch nicht antworten kann oder will, gibt es andere bewährte Strategien, auf die man zurückgreifen kann: Sie können eine Gegenfrage stellen, ausweichen oder die Frage uminterpretieren. Hierzu gibt es eine ganze Reihe hilfreicher Methoden.

- Wenn mehrere Personen anwesend sind, kann man die Frage an jemanden weitergeben, der in diesem Thema kompetenter ist. »Herr Müller kann Ihnen diese Frage sicher besser beantworten. Er ist Experte in ...«

- Man kann die Frage aufgreifen, sagen, wie spannend das ganze Thema ist, und dann ausführlich Hintergründe erläutern und Zusammenhänge aufzeigen, ohne die Frage konkret zu beantworten.
- Man kann eine Frage bewerten und sie dann ersetzen. »Die Frage nach den Plänen des früheren Besitzers stellt sich für uns nicht. Wir müssen überlegen, welche Möglichkeiten sich für die Zukunft bieten.«
- Bevor man antwortet, bittet man darum, in der Frage auftauchende Definitionen und Begriffe zu präzisieren. Das spielt den Ball erst einmal wieder an den Fragenden zurück. »Was genau meinen Sie mit Wohlstand?«
- Man kann die Frage uminterpretieren und gleichzeitig mit der Antwort eine neue Perspektive einführen: »Sie sprechen von Kindern, meinen aber sicher Jugendliche, die älter sind als 12.«

Es ist natürlich auch möglich, die Antwort auf die Frage gänzlich zurückzuweisen. Das können Sie dann in Erwägung ziehen, wenn Sie eine Frage als unangemessen empfinden oder sich grundlos ausgefragt fühlen. Eine solche Reaktion kann bei sehr unpassenden oder provozierenden Fragen durchaus berechtigt sein. Seien Sie sich aber darüber bewusst, dass eine Antwortverweigerung auf Zuhörer negativ wirken kann. So oder so problematisiert sie die Beziehung und sollte deshalb wohlüberlegt eingesetzt oder mit Humor abgefedert werden. Das sind die Möglichkeiten für eine Zurückweisung:

- Bezeichnen Sie die Frage als »theoretisch«. »Das ist ein theoretisches Problem, das sich in unserer Zusammenarbeit nicht stellt.«
- Lehnen Sie die Frage als irreführend ab. Erläutern Sie eventuell, was Sie stattdessen für die korrekte Fragestellung halten. »Es geht hier nicht um die Frage Holz oder Metall. Wir haben noch nicht entschieden, ob wir überhaupt einen Zaun aufstellen wollen.«
- Zeigen Sie die (unlautere) Intention einer Frage auf. »Sie versuchen, von der eigentlichen Frage abzulenken. Konzentrieren wir uns auf ...«
- Kontern Sie mit einer freundlichen Rückfrage. »Ich freue mich, dass Sie das interessiert, aber wozu brauchen Sie diese Einzelheiten?«
- Antworten Sie mit einer offenen Frage und lassen Sie die Frage des anderen damit unbeantwortet. »Warum interessieren Sie sich so für dieses Thema?«
- Oder Sie entgegnen mit einer geschlossenen Frage. »Ist das wichtig für Sie?«
- Bei besonders heiklen Fragen bleibt oft nur direkte Zurückweisung. »Dazu kann ich heute noch keine Einzelheiten nennen.«, oder: »Kein Kommentar!«

Die andere Lösung: Gegenangriff

Bisher haben wir uns nur mit höflicher Zurückweisung beschäftigt. Natürlich kann man unverschämte und freche Fragen oder solche, die absichtsvoll in die Irre führen oder bloßstellen wollen, auch mit einem offenen Angriff kontern. Zum Beispiel so:

- Die Frage als Zeichen der Inkompetenz des Fragenden bezeichnen. »Auch wenn das nicht Ihr Fachgebiet ist, Herr Kollege, bin ich doch enttäuscht, dass Sie so wenig Ahnung von der Materie haben.«
- Das Spiel unterbrechen und die Absicht des Fragenden offenlegen. »Ihre polemische Frage, die hier nicht hergehört, beantworte ich Ihnen gerne mal in der Kaffeepause. Jetzt möchte ich ...«
- Schweigen und irritiert-ironisch schauen oder die Augen verdrehen.
- Die Frage übergehen und das Thema wechseln.
- In verständnislosem Ton zurückfragen: »Warum?«, oder: »Was soll das jetzt?«
- Den Fragesteller herabwürdigen: »Auch wenn ich es Ihnen erklären würde, könnten Sie mit dieser Info vermutlich nicht viel anfangen.«
- Mit einer Killerphrase antworten. »Tja, warum denn wohl? Lassen Sie mich das mal in Ruhe durchdenken.«

Warum Schweigen manchmal die beste Lösung ist

Eine Alternative zur freundlichen oder groben verbalen Zurückweisung ist Schweigen. Und damit ist nicht das peinlich-bedrückte und zerknirschte Schweigen gemeint, sondern das souveräne, selbstsichere und entschiedene. Schweigen kann manchmal eine wirklich gute Lösung sein, denn auch hier gilt: Je nach Situation und Gegenüber kann man mit Schweigen Gutes erreichen oder böse Absichten vereiteln. Sie erinnern sich: Fragen zu beantworten, heißt immer auch, sie zu legitimieren. Wenn man sich ernsthaft mit einer Frage auseinandersetzt und sie beantwortet, sagt das: Die Frage ist rechtens und zu Recht gestellt, ich akzeptiere das und beantworte sie.

Wenn eine Frage aber unverschämt, provokant, unpassend oder zu intim ist, darf man im Umkehrschluss also gar nicht erst beginnen sie zu beantworten. Oft verfolgt der Fragende damit nämlich nur das Ziel, den Befragten vorzuführen und sein Scheitern zu demonstrieren. Und zum Scheitern gehört auch das Stutzen, Stottern, Ausweichen und schließlich Verstummen, wenn man die Falle zu spät bemerkt. Dann hat der Fragende das erreicht, was er erreichen wollte: die Gesprächspartner und Zuhörer zu manipulieren und die Unterhaltung in bestimmte Bahnen zu lenken. Man muss also keinesfalls alle Fragen beantworten, schon gar nicht solche, von denen klar ist, dass man damit vorgeführt, lächerlich gemacht oder in eine Falle gelockt werden soll.

Sich durch Fragen führen zu lassen, ist in bestimmten Situationen in Ordnung. Man muss sich aber nicht am Nasenring durch die Arena ziehen lassen.

Wer nichts sagt, kommuniziert besonders intensiv

Schweigen ist ein ungewöhnliches, aber sehr wirkungsvolles Mittel. Denn Funkstille ist auch Kommunikation. Sie kann das Gegenüber verwirren und verunsichern, baut Druck auf und wirkt so als Machtmittel. Als Reaktion auf unangenehme, provozierende oder bloßstellende Fragen schweigt man nicht kurz und beiläufig – obwohl es natürlich auch elegant sein kann, diese Fragen quasi komplett zu überhören. Nein, auf böse Fragen schweigt man lange und ausführlich. Und hält Blickkontakt. Mit diesem »lauten« Schweigen, dieser im wahrsten Sinne des Wortes souveränen Reaktion, übernimmt man das Heft des Handelns und gibt die Verunsicherung an den Absender zurück. Zugegeben: Schweigen ist nicht leicht, wenn man gerade unter Druck steht, wird aber seine Wirkung nicht verfehlen und die provokante Absicht des Fragenden auf ihn selbst zurückwerfen.

Die wertschätzende Wirkung des Schweigens

Schweigen lässt sich übrigens auch zur Ermutigung des anderen und zur Festigung der eigenen Glaubwürdigkeit einsetzen. In einer positiven Gesprächsatmosphäre signalisiert ein kurzes Schweigen des Antwortenden, dass er die Frage und seine Antwort überdenkt, dass er sich also kurz Zeit nimmt, ernsthaft die Frage zu erfassen, abzuwägen und die richtige Antwort zu wählen. Das signalisiert Wertschätzung gegenüber dem Fragenden und der gestellten Frage und zeigt gleichzeitig, dass der Befragte nicht mit vorgefertigten Argumenten antwortet. Es macht ihn seriös und glaubwürdig.

Und als Fragender schließlich kann man dem Gegenüber durch aufmerksames Schweigen signalisieren, dass man ihm Zeit lässt, dessen Ausführungen wichtig und interessant findet und gerne noch ein weiteres Argument hören möchte.

Schweigen ist also in beiden Fällen ein höchst wirkungsvolles Instrument, das – ohne dass man etwas sagen muss – in hohem Maße Zugewandtheit und ernsthafte Auseinandersetzung signalisiert. Nur gute Nerven sollten Sie haben. Sie müssen die Stille aushalten können, die entsteht, wenn Sie eigentlich dran sind und trotzdem nichts sagen. Das erfordert innere Sicherheit und natürlich ein wenig Übung.

Auf einen Blick: Die falschen und die bösen Fragen

- Es gibt Fehler, die Sie beim Fragen unbedingt vermeiden sollten. Wer andere mit Fragen unter Druck setzt, sie herabwürdigt oder Fragen dazu nutzt, Wut und Zorn loszuwerden, kann die Beziehung nachhaltig zerstören.
- Es gibt sie, die fiesen Fragen, die andere uns in böser Absicht stellen. Dazu gehören rhetorische, suggestive und demagogische Fragen. Nur wer sie erkennt, kann ihnen geschickt ausweichen.
- Reden ist Silber, Schweigen ist Gold. Das gilt auch, wenn es um Antworten auf Fragen geht, die allein das Ziel haben, uns zu schaden oder die völlig unangemessen sind.

Der Körper fragt mit

Wie eine Frage bei Gesprächspartnern ankommt, ergibt sich nicht allein aus unseren Worten. Auch unsere Körpersprache spielt dabei eine wichtige Rolle.

In diesem Kapitel erfahren Sie u. a.,

- auf welche körpersprachlichen Signale Sie achten sollten,
- wie Sie sie beim Fragen gezielt einsetzen können,
- warum die richtige Körpersprache konstruktive Gespräche fördert.

Mit Haltung, Gesten und Mimik kommunizieren

Er ist schon so oft zitiert worden, der berühmt gewordene Grundsatz zur Kommunikation von Paul Watzlawick, und hat dennoch nichts an Bedeutung eingebüßt: »Man kann nicht nicht kommunizieren.« Positiv formuliert sagt er uns, dass jedes Verhalten in einer sozialen Situation, also in Gegenwart von Menschen, Botschaften transportiert. Auch scheinbares Nicht-Verhalten wie Abwenden oder Ignorieren besitzt Mitteilungscharakter, denn neben unserer Sprache senden auch die Signale unseres Körpers Botschaften.

Verbale und nonverbale Signale

Zur Kommunikation gehören verbale Signale ebenso wie nonverbale. Verbal sind das stimmliche Sprechen und die Art, wie wir Sätze formulieren: kurz und knapp oder lang und gewunden, mit einfachen Wörtern oder voller Fremdwörter und Fachbegriffe. Zum nonverbalen Verhalten gehören unsere Mimik, Gestik und Körperhaltung sowie unsere Bewegungen, die zum Beispiel eckig und gehemmt oder locker und souverän wirken können. Ob und in welchen Situationen wir anderen Menschen räumlich nah kommen und wann wir Abstand halten, zählt ebenfalls zu unserer Körpersprache.

Körpersignale werden gesteuert von unserem Denken sowie von bewussten und unbewussten Gefühlen. Versuche zeigen, dass Menschen, die sich gegenseitig sympathisch sind, oft eine ähnliche Körpersprache haben. Auch wenn es uns nicht immer bewusst ist, ist die Körpersprache auch heute noch ein wichtiger zusätzlicher Kanal, der uns dazu dient, gesprochene Sprache auf Glaubwürdigkeit zu überprüfen.

Wir senden ständig zahlreiche körpersprachliche Signale aus, die beim Gegenüber ankommen und analysiert werden. Mal bewusst, mal unbewusst. Und das ist natürlich auch so, wenn wir Fragen stellen und beantworten.

Körpersignale: Spiegel unserer inneren Haltung

Viele Körpersignale spiegeln unsere innere Haltung wider. Andere können daran erkennen, ob wir gut gelaunt oder wütend, unter Zeitdruck oder entspannt sind, ob wir uns überlegen oder unterlegen fühlen. Eine Ausnahme bildet nur unser individuelles Grundverhalten, die sogenannte Baseline. Wenn ich mir zum Beispiel angewöhnt habe, meine Stirn ständig in Falten zu legen, dann ist dies kein spezifisches Signal an mein Gegenüber, dass ich seine Informationen kritisch sehe oder anzweifle. Nur Gesten oder Mimik also, die von unserer Baseline, also unserem üblichen Verhalten abweichen, signalisieren eine spezifische Befindlichkeit.

Das bedeutet aber auch, dass wir aus Körpersignalen umso treffender auf die aktuelle Stimmung des Gesprächspartners schließen können, je besser wir ihn schon kennen. Nur dann können wir nämlich einschätzen, welche seiner Signale zu seinem Grundmuster gehören und welche neu sind. Nur die situativen Signale sind es, die uns Schlüsse über die Absichten und Haltungen unserer Gesprächspartner erlauben und es uns ermöglichen, den Wahrheitsgehalt des Gesagten zusätzlich zu verifizieren. Das geschieht sehr häufig eher intuitiv und unbewusst. Dann hat man ein ungutes Gefühl im Bauch, weiß aber unter Umständen gar nicht so genau, warum.

> Wie eine Fragesituation abläuft, ist für die Qualität der Antworten fast wichtiger als die Fragen selbst. Die Form der Kommunikation ist von zentraler Bedeutung – Körpersprache gestaltet diese Form.

Körpersprachliche Signale zulassen

Was also tun, wenn eine gute Körpersprache und Kongruenz zwischen verbalen und nonverbalen Zeichen so wichtig sind, man andererseits aber nicht »schauspielern« soll? Versuchen Sie es über Ihre innere Haltung, Ihre Einstellung gegenüber dem Thema und dem Gesprächspartner. Sind Sie wütend und soll der andere das ruhig sehen, lassen Sie zu, dass Ihre Körperspannung hoch, Ihre Stimme streng und fest und Ihre Hand womöglich geballt ist. Das ist allemal besser, als mit Säuselstimme und gekünsteltem Lächeln eine ironische oder bittere Frage zu stellen. Wenn Sie in einem Gespräch auf Augenhöhe Informationen erhalten oder Konzepte diskutieren möchten, gehen Sie mit der entsprechenden inneren Haltung in das Gespräch. Was

Sie selbst empfinden, wird sich dann leicht nach außen spiegeln lassen.

Körpersprache, Haltung, Stimme und die Sprechinhalte wirken immer zusammen und geben den Gesprächspartnern ein ganzheitliches Bild des Sprechers. Sie schließen daraus auf Ziele und Absichten, aber auch auf Ehrlichkeit und Offenheit sowie auf Sympathie oder Abneigung beim Gegenüber. Wenn dieses Gesamtbild stimmig ist, fördert es das Vertrauen zueinander und sorgt für eine gute Gesprächssituation. Wenn es das nicht ist, weil etwa bewusst eingesetzte Mimik oder Gesten, die eine bestimmte Haltung vermitteln sollen, nicht mit anderen – unbewusst gesendeten – Signalen übereinstimmen, kann das unser Gegenüber irritieren oder misstrauisch machen. Dann wird man auf Fragen nicht die gewünschten guten und ausführlichen Antworten bekommen, die man sich erhofft hat. Auch wenn ihm selbst nicht unbedingt klar ist, worauf sich seine Irritation oder sein Misstrauen stützt.

Mit Körpersprache täuschen?

Dies ist also kein Plädoyer für das körpersprachliche Täuschen oder dafür, sich bestimmte Körpersignale anzutrainieren und sie manipulativ einzusetzen. Und auch nicht für den ungebremsten Einsatz des sogenannten Pacings, im Deutschen auch Spiegeln genannt. Dabei versucht man gezielt die Körperhaltung des Gegenübers zu imitieren, um einen guten Kontakt herzustellen und glaubwürdig und sympathisch zu wirken. Davon abgesehen, dass es hier um Täuschung und Manipulation geht, erkennen die meisten Menschen bewusst antrainierte Körpersprache. Denn dann entstehen sogenannte Dissonanzen, wenn etwa Arme und Hände ganz andere Signale setzen als Füße und Beine. Besonders auffällig sind auch Inkongruenzen zwischen Sprache und Gesten. Denn natürliche Gesten finden normalerweise einen winzigen Moment vor den zugehörigen Worten statt, während bewusste, antrainierte Gesten mit oder kurz nach den Worten ablaufen.

Hinzu kommt, dass wir einige unserer Körperreaktionen gar nicht bewusst steuern können, auch wenn wir das noch so sehr wollen. Wenn sich etwa unsere Pupillen vor Schreck oder in grellem Licht weiten, wir frieren oder schwitzen, können wir das nicht bewusst herbeiführen oder verhindern. Ebenso verhält es sich mit Einschränkungen durch Krankheiten oder Behinderungen. Andere Signale können wir versuchen bewusst einzusetzen oder zu vermeiden. Aber nur die wenigsten Menschen sind in der Lage, den Großteil ihrer Körpersignale vollständig zu kontrollieren.

Macht- und Dominanzgesten nutzen?

Die bisher allgemein beschriebenen Eindrücke von Körpersprache und ihr Zusammenspiel mit verbaler Sprache wirken in Fragesituationen oft noch stärker als in normalen Gesprächen. Gerade weil Frage-Antwort-Situationen insbesondere im beruflichen Umfeld bereits ein bestimmtes Mächteverhältnis beinhalten können, sollte man aufpassen, nicht ungewollt zusätzliche körpersprachliche Macht- und Dominanzsignale zu senden. Denn das würde weitere Barrieren aufbauen oder den Befragten einschüchtern. Aber auch das muss man natürlich erwähnen: Wenn Sie sich in einer Fragesituation durch Einschüchterung oder Druck Erfolg versprechen, sind körpersprachliche Dominanzgesten, scharfe Blicke oder das Eindringen in das Territorium des Gegenübers genau die Mittel, die man nutzbringend einsetzen kann.

Keine Frage ohne Körpersignale

In Frage-Antwort-Situationen versuchen sowohl Frager als auch Befragter, die Körpersprache des Gegenübers zu entschlüsseln. Indem sie diese Signale interpretieren, versuchen sie zu ergründen, wie authentisch und wahrhaftig der Gesprächspartner ist oder ob es verdeckte Ebenen, unausgesprochene Ziele oder gar böse Absichten gibt. Kurz: Ob man der Person vertrauen kann oder nicht.

Die Stimmführung macht die Frage

Beim Sprechen ist die Stimme besonders wichtig: Wie spricht der andere mit mir? Höre ich Freundlichkeit, Ruhe und Zuwendung heraus? Oder Herablassung und Oberlehrerhaftigkeit, vielleicht sogar Abneigung? Der Ton macht also die Musik, auch beim Fragen. Stimmhöhe, Melodie, Lautstärke, Tempo und Artikulation steuern, ob eine Frage sachlich, emotional, unsicher, ruhig oder aufgeregt wirkt.

Aber woran erkennt man eigentlich eine Frage? Geschrieben scheint die Antwort leicht: am Fragezeichen. »Das ist Ihre Wohnung.« ist eine Aussage, vielleicht vom Makler oder dem Hausmeister. »Das ist Ihre Wohnung?«, ist eine Frage, auch wenn die Anordnung der Worte hier genau die gleiche ist. Man liest hier womöglich mit: »Das ist wirklich Ihre Wohnung, so klein, wie sie ist?« In der mündlichen Kommunikation muss die Stimme helfen, eine Frage auch wirklich zur Frage zu machen. Denn die letzte Sicherheit, ob wir gerade mit einer Frage oder eher doch mit einer Aufforderung oder einer Feststellung konfrontiert sind, gibt uns die Stimmführung. »Das ist dein Zimmer«, ist eine Aussage, wenn sich die Stimme am Ende des Satzes absenkt. Der Satz wird hingegen zur Frage, wenn sich die Stimme am Ende anhebt. Das Heben der Stimme macht dem Adressaten deutlich, dass hier etwas offen ist, dass also eine Frage gestellt ist, die er beantworten soll. Das funktioniert auch bei einzelnen Worten: Ja? Echt? Wirklich? Du?

Dieses Heben der Stimme am Ende einer Frage heißt interrogative Kadenz. Fehlt sie, wird aus einem freundlichen »Müssen Sie hier jetzt putzen?«, schnell eine geknurrte Beschwerde. Die interrogative Kadenz ist bei Fragen aber auch ein eindeutiges Signal an das Gegenüber oder die Gesprächsrunde, dass die Frage mitsamt ihren Erläuterungen beendet ist. Als Fragender lehnt man sich jetzt zurück und schweigt. Denn beantworten soll die Frage ja nun ein anderer.

Ich schau dir in die Augen ...

Ein weiteres wichtiges körpersprachliches Signal für Fragende und Antwortende ist der Blickkontakt. Wer auf eine Frage antwortet, also Bericht erstattet, eine Idee entwickelt oder eine Meinung vertritt, sollte mit möglichst allen in der Runde Blickkontakt zu halten. Er signalisiert damit, dass seine Ausführungen an alle Anwesenden gerichtet sind, und erkennt, ob diese ihm noch interessiert folgen. Solange der Fragesteller und die höchstrangige Person in der Runde seinen Blick erwidern, ist das für ihn ein klares Signal, dass seine Antwort von Interesse ist und auf Aufmerksamkeit stößt. Wenn das Interesse erlahmt, reduzieren die Zuhörenden den Blickkontakt – unbewusst oder bewusst.

Ebenso wie die Stimme und andere körpersprachliche Signale, lässt sich natürlich auch der Blickkontakt zur Einschüchterung verwenden. Ein kalter Blick oder kühles Anstarren kann dazu führen, dass der Sprecher sich verheddert, den roten Faden verliert oder immer weiterspricht und sich dabei um Kopf und Kragen redet. Die Ursache hierfür sehen viele Kommunikationsexperten darin, dass Menschen in so einer Situation immer noch auf ein positives Zeichen des Verstehens oder der Zustimmung hoffen. Eine wirksame Methode also, wenn es uns darum geht, andere aus dem Konzept zu bringen. Wir kennen sie aus Verhörsituationen, Gerichtsverfahren und Prüfungen. Für Frage-Antwort-Situationen, aus denen man sich gute Ergebnisse erhofft, ist sie nicht empfehlenswert, da sie keine konstruktive Stimmung und Arbeitsatmosphäre schafft.

Welche Körpersignale es gibt

Neben Stimme und Blickkontakt existieren noch zahlreiche weitere Körpersignale. Häufig läuft deren Beobachtung eher unbewusst, quasi nebenher ab und dringt nur in unser Bewusstsein, wenn wir etwas Unerwartetes oder Unpassendes bemerken. Es wäre also falsch, während wir einer Antwort zuhören, permanent die gesamten körpersprachlichen Signale des Sprechers zu »überwachen« und auf Ungewöhnliches zu scannen. Wir könnten uns dann auch nicht mehr auf seine Ausführungen konzentrieren.

Ebenso falsch wäre es, als Sprechender – ob man nun fragt oder antwortet – seine eigenen Haltungen und Bewegungen ständig zu kontrollieren. Das würde uns ebenfalls vom Inhalt ablenken und unsere Körpersprache unabsichtlich ungelenk und unsicher machen.

Hier trotzdem eine kleine Übersicht, in welchen Bereichen wir überall nonverbale Körpersignale senden und beobachten können.

Nonverbale Körpersignale	
Mimik	Ist das Gesicht offen und locker oder angespannt oder sogar »versteinert«?
Gestik	Bewegen sich Arme und Hände verkrampft, fahrig oder lebendig?
Körperspannung	Sieht der ganze Körper eher locker oder angespannt aus?

Nonverbale Körpersignale	
Körperhaltung	Ist die Haltung aufrecht oder gebeugt, zugewandt oder eher uninteressiert, gar abweisend?
Stand und Füße	Steht die Person eher fest und sicher oder wackelig, breitbeinig oder eng, zeigen Beine und Füße zum Ausgang?
Nacken und Kopf	Ist der Kopf gerade oder schräg, sind die Schultern locker oder hochgezogen und der Nacken steif?
Augenkontakt	Ist der Blick gerade und direkt oder abgewandt? Sind die Augen niedergeschlagen?
Gang	Läuft die Person unsicher und steif, zu schlaksig oder locker-zielstrebig?
Temperatursignale	Wird die Person rot, friert oder schwitzt sie?
Abstand	Steht der andere (zu) weit von seinem Gesprächspartner entfernt, zu nah oder gerade richtig?
Gesamteindruck	Wie wirkt der Gesprächspartner insgesamt: selbstbewusst oder unsicher, angespannt oder gelassen, ruhig oder hektisch, motiviert oder gelangweilt?

> Lassen Sie sich bei der Interpretation von Körpersprache nicht zu vereinfachenden Wenn-Dann-Schlüssen verleiten. Interpretieren Sie nie einzelne Signale, sondern ziehen Sie immer die Gesamtheit oder zumindest eine Mehrzahl von kongruenten Einzelbeobachtungen heran.

Dialoge positiv gestalten mit Körpersprache

Kommen wir nach all diesen Überlegungen über Körpersprache, was sie bedeutet und was wir mit ihr bewirken können, zurück zu unserem grundsätzlichen Ziel: mit Fragen zu führen,

Dialoge ergebnisorientiert zu gestalten, gute Informationen zu erhalten, gemeinsam Konzepte zu entwickeln und aufrichtige Meinungen zu hören. Zu den Fragetechniken aus den vorangegangenen Kapiteln steht uns hierfür zusätzlich eine große Zahl von körpersprachlichen Signalen zur Verfügung. Mit ihrer Hilfe gelingt es uns, mit den Befragten in Kontakt zu kommen und zu bleiben, aktiv zuzuhören und Dialoge wie Diskussionen zielgerichtet zu steuern.

Zuhören und Ermutigen

Beobachten Sie sich doch mal selbst, wie Sie – nachdem Sie eine Frage gestellt haben – der Antwort lauschen. Oft kann man aus der Körperhaltung auf die eigene innere Haltung schließen und beides, wenn nötig, sanft ändern.

Wenn Sie sich etwa ertappen, dass Sie mit den Fingern ungeduldig auf den Tisch trommeln, lässt das auf Ungeduld schließen. Legen Sie die Hände besser locker ineinander oder auf dem Tisch ab. Verschränkte Arme sind erlaubt, solange die Arme nicht angespannt und die Schultern hochgezogen sind, sondern die Arme eher locker und tief hängen. Das signalisiert dann nicht – wie oft behauptet – Ablehnung, sondern eine entspannte »Ich bin nicht dran und höre deswegen zu«-Haltung. Möglich, wenngleich vielleicht ein bisschen dramatisch-demonstrativ, wäre auch die klassische Zuhörgeste, wie sie die berühmte Skulptur »Denker« von Auguste Rodin zeigt: den Kopf leicht geneigt und das Kinn auf eine Hand gestützt.

Was Menschen, die Fragen beantworten sollen, ermutigt und ihnen Vertrauen einflößt, ist ein freundlicher oder sogar lächelnder Gesichtsausdruck. Nicht einer, den Sie vorspielen, sondern ein echter. Zusätzliche Türöffnerqualitäten haben Ermutigungs- und Aufmerksamkeitsgesten, während der Befragte spricht. Sie signalisieren, dass wir zuhören, dass wir wichtig und interessant finden, was er sagt, und uns wünschen, dass er weiterspricht. Sie können auch einfach ernst und konzentriert schauen. Allerdings hat das nicht die gleiche ermutigende Wirkung. Gut zu beobachten ist dieses Phänomen in Unterrichts- und Prüfungssituationen, in denen das Nicken und Lächeln des Prüfers dem Prüfling helfen kann, sich zu entspannen und weiterzusprechen, während ein undurchdringlicher Gesichtsausdruck ihn sichtlich verunsichern kann.

Kopfschütteln, grimmig schauen und murmeln bis hin zum Entzug von Aufmerksamkeit sind aktive negative Reaktionen.

Die Zuhörsignale

Mithilfe von Körpersprache lässt sich eine Wohlfühlatmosphäre schaffen, die die Qualität von Antworten positiv beeinflusst. Die entgegengesetzten Signale führen dazu, dass Themen abgebügelt, Antworten abgekürzt oder Redner eingeschüchtert werden.

In der folgenden Übersicht sind alle Zuhörsignale zusammengefasst, die unser Gegenüber ermutigen und in seinen Ausführungen unterstützen.

Nonverbale Zuhörsignale

- Zugewandte Körperhaltung
- Ruhiges, unaufgeregtes Nicken
- Aufmerksamer Blickkontakt
- Positive mimische und gestische Signale
- Verbale Signale
- Bestätigungslaute wie hm, genau, so, ja
- Paraphrasieren
- Gezielte Nachfragen
- Zusammenfassen und interpretieren

Zuwendung gibt Sicherheit

Bei Fragen an eine einzelne Person – ob in einer Gesprächsrunde oder unter vier Augen – ist es wichtig, dem Befragten die maximale Aufmerksamkeit zu schenken und ihm ein Gefühl der Sicherheit zu geben. Das gelingt mit einer wohlwollenden Frage in Kombination mit einer wertschätzenden, zugewandten Körperhaltung.

Wenn man hingegen – womöglich in der irrigen Annahme, betonte Lässigkeit könnte den Gesprächspartner entspannen – in hingelümmelter Körperhaltung, halb abgewandt und ohne Blickkontakt fragt, empfindet das Gegenüber eine Diskrepanz zwischen dem Inhalt der Frage und den körpersprachlichen

Signalen – also zwischen dem, was und wie gefragt wird. Dieser fehlende positive oder überhaupt fehlende Kontakt zum anderen ist ein grundsätzlicher und massiver Fehler. Er signalisiert fehlende Wertschätzung und macht den Fragenden selber weniger glaubwürdig.

In Kontakt zum anderen zu sein bedeutet:

- ihm intensiv zuzuhören
- sich dem anderen körperlich zuzuwenden in einer offenen Körperhaltung
- ihn direkt anzusehen
- ein Gefühl für die aktuelle Befindlichkeit des anderen zu haben
- sich in die Situation des Gegenübers hineinzudenken
- eine Atmosphäre von Vertrauen, Zugewandtheit und Gemeinsamkeit zu schaffen

Zugegeben: Auch wenn der Fragende nicht in optimalem Kontakt mit dem Befragten ist, erhält er seine Antworten. Insbesondere, wenn der Fragende eine dominante Position ausnutzt, kommt er auch mit Einschüchterung, Druck, Verunsicherung oder manipulativen Fragetechniken zum Ziel. Die Antworten, die mit solchen Methoden aus dem anderen herausgekitzelt werden, erweisen sich aber unter Umständen als wertlos. Ausführliche, aufrichtige und nützliche Antworten erhält man nur, wenn ein optimaler Kontakt zwischen Fragendem und Befragtem besteht und sich beide Partner wohlfühlen.

Eskalieren und Deeskalieren

Körpersprache und Sprache können eskalierend oder deeskalierend wirken. Eskalation möchte ich hier als stufenweise Erhöhung der Intensität verstanden wissen, was noch nichts mit grobem, ruppigem Umgang zu tun haben muss. Die ersten Stufen solcher Eskalation können – wenn sie den Ernst der Lage vermitteln – Dynamik und Energie ins Gespräch bringen. Wenn man übertreibt oder es mit einem sehr empfindsamen Gesprächspartner zu tun hat, fühlt er sich unter Umständen aber bedrängt und unter Druck gesetzt und antwortet weniger oder gar nicht mehr. Beobachten Sie die Reaktionen des anderen daher ganz genau, um einschätzen zu können, wie Ihr Verhalten auf ihn wirkt.

Eskalation durch Sprache und Körpersprache	
1.	Dem anderen räumlich näherkommen, sich ihm direkt zuwenden
2.	Mehr Körperspannung, geradere Sitz-/Stehhaltung
3.	Druckvollere Stimme, tiefere Tonlage
4.	Höhere Lautstärke
5.	Wortwahl seriös, offiziell, direkt
6.	Ernster Gesichtsausdruck

Mit den entsprechenden verbalen und nonverbalen Mitteln lassen sich Gespräche auch deeskalieren. In angespannten Situationen, wenn sich ein Gespräch festgefahren hat, sich die Teilnehmer bedrängt und unter Druck fühlen, lässt sich das sogar mit einer bewussten Aufforderung thematisieren, wie beispielsweise: »So kommen wir nicht weiter, nehmen wir doch mal den Druck raus.«

Sowohl in Gruppen als auch in Vier-Augen-Gesprächen kann man den Befragten durch deeskalierende Körpersignale zusätzlich entlasten. Gelingt das, lockert das die Situation und das Gegenüber empfindet mehr Freiheit bei der Beantwortung der Frage. Im ungünstigen Fall können die gleichen Signale aber auch als Gleichgültigkeit und Desinteresse aufgefasst werden.

Deeskalation durch Sprache und Körpersprache

1. Gelassenheit und Ruhe ausstrahlen
2. Locker und offen sitzen oder stehen
3. Sich dem anderen zuwenden, aber den bisherigen Abstand einhalten
4. Kopf schräg halten: signalisiert Zuhören und Nachdenken
5. Leichtere, lässige Wortwahl
6. Lautstärke reduzieren, ruhig ausatmen

Literatur

Bodenheimer, A. R.: Warum? Von der Obszönität des Fragens, Stuttgart, 2. Auflage 2011.

Bredemeier, K.: Schwarze Rhetorik – Macht und Magie der Sprache, München, 3. Auflage 2005.

Brunner, A.: Die Kunst des Fragens, München, 5. Auflage 2017.

Finlayson, A.: Gute Frage! 1000 Fragen, die in jeder beruflichen Situation weiterhelfen, München 2005.

Kindl-Beilfuß, C.: Fragen können wie Küsse schmecken – Systemische Fragetechniken für Anfänger und Fortgeschrittene, Heidelberg, 6. Auflage 2015.

Patrzek, A.: Fragekompetenz für Führungskräfte – Handbuch für wirksame Gespräche mit Mitarbeitern, Leonberg, 2. Auflage 2004.

Stein, H.: Wer fragt, der führt – Erfolgreiche und zielorientierte Führung durch Fragetechniken, Berlin 2008.

Stichwortverzeichnis

Impressum

Bibliografische Information der Deutschen Nationalbibliothek
Die Deutsche Nationalbibliothek verzeichnet diese Publikation in der Deutschen Nationalbibliografie; detaillierte bibliografische Daten sind im Internet über http://www.dnb.dnb.de abrufbar.

Print: ISBN: 978-3-648-12542-7 Bestell-Nr.: 10741-0002
ePub: ISBN: 978-3-648-12543-4 Bestell-Nr.: 10741-0101
ePDF: ISBN: 978-3-648-12544-1 Bestell-Nr.: 10741-0151

Sigrid Frank-Eßlinger
Mit Fragen führen
2. Auflage 2019

Redaktionsanschrift: Fraunhoferstraße 5, 82152 Planegg/München
Internet: www.haufe.de
E-Mail: online@haufe.de

Redaktion: Jürgen Fischer
Redaktionsassistenz: Christine Rüber
Satz: Reemers Publishing Services GmbH, Krefeld
Umschlagdesign: RED GmbH, Krailling

Die Autorin

Sigrid Frank-Eßlinger

ist Diplomjournalistin und Politikwissenschaftlerin und war Referentin im Landtag von Baden-Württemberg sowie Beraterin in PR-, IR- und Werbeagenturen in Karlsruhe, München und Stuttgart. Seit 2003 ist sie selbstständig als Kommunikationsberaterin für mittelständische Unternehmen, Verbände und Kommunen, moderiert Veränderungen und coacht Menschen zu Präsentation und Auftritt. Sie war Lehrbeauftragte für Werbung und Text/Rhetorik an der Fachhochschule Würzburg-Schweinfurt und an der Hochschule für Gestaltung Pforzheim.

Weitere Literatur

»Coaching-Techniken«, von Karsten Drath, 128 Seiten, EUR 9,95, ISBN: 978-3-648-12341-6, Bestell-Nr.: 10104

»Resilienz«, von Ella Gabriele Amann, 128 Seiten, EUR 7,95, ISBN: 978-3-648-05704-9, Bestell-Nr.: 10703